엔터테인먼트
산업 혁명

융합의 시대, 세계를 뒤흔든 한국 엔터테인먼트 경제의 모든 것!

엔터테인먼트 산업 혁명

김동하 지음

Well Book
Well Life, Well Book

성공한 사람은 모르는,
부딪치고 깨지면서 배운 엔터테인먼트 산업의 교훈

시작은 호기심 반 부러움 반이었다.

경제 신문 기자로 일하며 세상을 위한답시고 글을 뿌려 대던 시절, 취재를 빌미로 K팝 아이돌과 배우를 만나는 건 설레는 일이었다. 하지만 가까이서 본 그들은 나와 다른 DNA와 체형 구조를 가진 이질적인 대상일 뿐, 알면 알수록 호기심과 부러움이 향하는 곳은 따로 있었다. 아이돌과 배우를 스포트라이트 아래 서게 하는 보이지 않는 수많은 손, 바로 한국의 음악, 영화, 드라마를 만드는 사람들이었다. 그들은 세계 무대를 뒤흔드는 '작품'을 만들어 내면서 어쩌면 언론보다 훨씬 큰 영향력을 발휘하고 있었다. 그들의 일과 삶은 어떨지 궁금했다. 험하기로 소문난 업계지만 제대로 알고 싶고 배우고 싶었다. 그리고 전하고

싶었다. '그래, 직접 뛰어들어 보자. 그리고 담아 보자. 내가 잘할 수 있는 돈 얘기로.'

엔터테인먼트 기업에 입사했다. 당초 목표한 기간은 2, 3년. 이 업으로 성공하고 싶다는 열망보다 열심히 배워 보겠다는 각오로 뛰어들기는 했지만, 막상 발을 담그고 보니 나 같은 평범한 사람에게는 그야말로 '넘사벽'의 세상이었다. 업계를 쥐락펴락한다는 이들은 유연하고 긍정적인 마인드, 사소한 관계에 굴하지 않는 강한 정신력, 선을 넘지 않는 한 편법과 술수도 가능하다 여기는 두둑한 배짱으로 무장하고 있었다.

예상대로 엔터테인먼트 산업은 그 스스로 점차 덩치를 불리며 기존 산업 영역까지 맹렬히 파고드는 추세였고, 이 업으로 새롭게 뛰어드는 사람들도 늘고 있었다. 그러나 '사람'이 중심이 된 촘촘한 네트워크가 진입 장벽으로 작용하다 보니 시간과 돈과 노력을 허비하는 것이 곧 '학습 과정'이라는 인식이 보편화된 특수한 분위기에서, 어지간한 마인드로는 버텨 내기 힘든 것이 또 엔터테인먼트 산업이었다.

배움은 컸으나 선뜻 책을 쓸 엄두가 안 났다. 엔터테인먼트로 돈을 벌어 성공하기가 결코 쉽지 않아 보였기 때문이다. "40대에는 새로운 일이 아닌 자기가 잘하는 일을 해야 한다"는 알리바바 마윈 회장의 조언을 떠올리며 '내가 잘하는 일'이 무언지 손으로 꼽아 보았다.

언론인으로서 습득한 스킬, 엔터테인먼트 실무자로서의 경험, 학교에서 배우고 가르친 교훈을 바탕으로 이론과 실전을 접목시켜 엔터테인먼트 분야를 경제 경영 그리고 우리의 생활로 바라보고 쉽고 정직하게 전달하는 것. 유명인의 성공 스토리는 아니지만 그들은 알지 못하는 실패의 그늘과 그들의 앞과 뒤에서 움직이는 사람들 그리고 흘러가고 흘러드는 돈 이야기를 재미있게 전달하는 것은 잘할 수 있지 않을까 하는 생각이 들었다. 업계를 먼저 그리고 가까이 경험한 사람으로서 학습 과정을 줄여 주는 차원에서 기록하고 전하는 것이야말로 필자의 소명이라고 생각했다. 5년 전, 서울지방검찰청 금융조세조사부 필독서로 지정된 『코스닥 비밀노트』를 썼을 때도 이런 마음에서 출발했던 것 같다.

엔터테인먼트 업계에 뛰어든 지도 벌써 만 6년, 당초 목표했던 기간을 훌쩍 넘어섰다. 코스피 엔터테인먼트 상장사의 공시 책임자로 재무 전반을 파악하기 위해 배우, 작가, 작품 계약 전부를 살펴보았고, 모태 펀드가 출자한 문화 콘텐츠 펀드 운용사의 임원으로 있으면서 영화, 드라마, 뮤지컬, 공연, 전시 등의 투자 계약과 돈의 흐름을 파악할 수 있었다. 대학에서 학생들에게 문화 예술 엔터테인먼트 관련 강의를 하면서 실감한 사람들의 관심과 정보의 벽, 그로 인해 생긴 알량한 시대적 책임감도 한몫했다.

'엔터테인먼트 산업과 기업, 기업가'를 주제로 박사 학위 논문을 준비하면서 엔터테인먼트 분야를 학문적이고 체계적으로 접목하는 일은 생각보다 어려웠다. 하지만 이 책은 그보다는 훨씬 자유롭고 충실하게 집필할 수 있었다. 때마침 『서울경제신문』에 연재한 '김동하의 머니테인먼트' 시리즈는 느슨해지는 집필 의지를 독려하는 자극제가 되어 주었다.

이 책의 가치는 독자들이 엔터테인먼트를 단순히 소비하는 입장에서 한 발 더 나아가 엔터테인먼트와 연관된 삶과 비즈니스를 이해하도록 도움을 주는 데 있다. 엔터테인먼트를 보다 능동적이고 적극적으로 소비하기 위해, 직간접적으로 자신의 삶 또는 일과 연결하기 위해, 다양한 사례와 이해관계들을 입체적으로 조망하면서 사람과 작품 그리고 돈이 뒤엉킨 엔터테인먼트의 본질과 특성을 전달하는 데 초점을 뒀다. 딱딱하고 학술적인 산업적, 이론적 분류를 최대한 지양하고, 최신 트렌드와 통계를 나열하기보다는 그러한 현상들의 맥락과 인과 과정을 전달하고자 했다.

한 예로 음악 산업은 가장 화려해 보이고 뛰어드는 사람도 많지만 업계에서는 가장 성공하기 어려운 분야로 꼽는다. 여느 엔터테인먼트 갈

래보다 생태계가 촘촘하고 이해관계가 복잡해 신규 사업자의 진입 장벽이 높기 때문이다. 2016년 벤처캐피털 업계에 혜성처럼 등장했다 사라진 음악 애플리케이션 비트(BEAT)는 이 같은 복잡한 이해관계와 고착된 분배 구조를 '혁신'이라는 가치만으로 깨뜨리기는 어렵다는 사실을 방증한다. 2013년 설립된 음악 스트리밍 기업 비트패킹컴퍼니는 네이버, 본엔젤스, IMM인베스트먼트, LB인베스트먼트, 캡스톤파트너스, 유니온투자파트너스 등 10여개 벤처캐피털 업체로부터 두 차례에 걸쳐 160억 원의 투자금을 유치하면서 회원 수를 600만까지 끌어올렸지만, 수익 악화로 3년여 만에 문을 닫았다.

이처럼 한 산업의 규모나 현황은 외부에서도 수치와 자료로 파악할 수 있지만, 그 산업의 수익성과 분배 구조, 경쟁 환경 등은 직접 경험하지 않으면 알 수 없다.

필자가 지닌 경험과 지식의 한계로, 엔터테인먼트의 여러 분야 중에서 게임이나 캐릭터, 애니메이션, 뮤지컬, 공연 등은 상대적으로 적은 분량을 할애할 수밖에 없었다. 하지만 이런 장르에서도 사람과 기업, 저작권과 자본의 기능 등 모든 장르를 아우르는 기본적 속성에 대해서는 직간접적인 교훈을 줄 수 있으리라 기대한다.

필자는 엔터테인먼트 업계에서 성공을 꿈꾸고 있다.
업계 거물이나 연예인이 아니라, 극작가로서 말이다. 겉으로 드러난 필자는 엔터테인먼트 상장사 CFO이자 문화 콘텐츠 펀드를 운용하는 벤처캐피털과 영화 배급 유통사의 임원이며, 몇몇 영화와 다큐멘터리의 투자자기도 하지만, 진짜로 꿈꾸고 희망하는 것은 성공한 극작가다. 하지만 성공의 길은 멀고 험해 보인다. 독자들이 이 책을 읽는 지금도 필자는 소설과 시나리오, 다수의 시놉시스와 트리트먼트를 발표했지만 아무도 모르고 있을 가능성이 크다. 그만큼 진입장벽이 높다는 걸 몸으로 깨닫고 있다. 그렇다고 성공한 극작가로 이름을 날리는 꿈을 포기하지는 않을 것이다.

집필을 하는 긴 시간 동안 누구보다 엔터테인먼트 업계를 공부하고 분석하고 이해하려 노력했고, 부딪치고 깨지면서 깨달은 교훈을 이 책에 담으려고 최선을 다했다.
엔터테인먼트를 이해하고 사업을 접목시키려는 이, 새로운 사업을 준비하는 이, 나와 같은 또는 비슷한 꿈을 꾸는 동시대 사람 누구에게라도 필자의 경험과 고민이 작은 도움이 된다면 더할 나위 없는 기쁨이겠다. 누가 뭐라 해도 엔터테인먼트는 한국의 자랑이니까.

2018년 12월
김동하

 # 차례

3장 _ K팝으로 엿본 한국 엔터테인먼트의 성공 방정식

1장
엔터테인먼트로
돈 벌기,
성격부터 알자

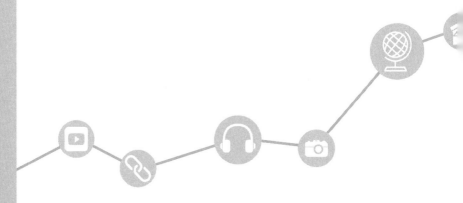

1.
한국의 신성장 동력,
엔터테인먼트

엔터테인먼트(Entertainment)에서 엔터(enter)는 '함께'라는 공감의 의미를, 테인(tain)은 '잡다, 소유하다'는 뜻을 지닌다. 이처럼 '함께 즐기는' 인간의 활동을 포괄하는 단어가 엔터테인먼트고, 여기서 태동한 산업이 엔터테인먼트 산업이다. 영화, 음악, 방송, 게임, 드라마, 애니메이션을 일컫는 현대적 의미의 엔터테인먼트는 1900년대 초에 정립되었고, 우리나라에서는 2000년 이후부터 문화 또는 콘텐츠 등으로 분류되며 하나의 독립 산업으로 인정받기 시작했다.

손대현 한양대학교 명예 교수는 엔터테인먼트를 '오락이나 여흥보다 한 차원 높은 즐거움과 감동, 재미와 의미를 주는 것'이라고 정의한 바 있다. 미디어 애널리스트 해럴드 보겔(Harold vogel)은 "즐거운 기분 전환 상태를 자극하거나 촉진하거나 또는 만들어 내는 어떤 것이라도 엔터테인먼트라 할 수 있다"고 했다.

엔터테인먼트가 산업이라고?

2011년 필자가 언론사 증권부 코스닥 팀장으로 있을 때 얘기다. 엔터테인먼트가 본격적인 성장 산업이 될 것이라며 새 팀을 꾸려 달라고 하자 선배 기자들은 시큰둥한 반응을 보였다.

"엔터테인먼트를 산업이라 하기엔 규모가 작고 모호하지 않나?"

"예부터 '딴따라'로 불리던 일부 사람이 아직도 주름잡고 있는 폐쇄적인 영역 아닌가?"

"산업이라고 하기엔 예측과 실행이 불투명한 비체계적인 분야 같은데….."

당시만 해도 우리나라의 거래소에 정식으로 기업 공개^{IPO}한 엔터테인먼트 기업은 팬엔터테인먼트가 유일했다. SM엔터테인먼트가 코스닥 시장에 있었지만 직상장이 아닌 '등록' 형태로 이름을 올렸고, YG엔터테인먼트는 한국 음악 기업 최초로 한국거래소^{KRX} 직상장에 도전했다 떨어진 뒤 '재수'를 준비하고 있었다. 그 무렵부터 세계적으로 K팝 열풍이 시작됐고, 어느새 엔터테인먼트는 어엿한 성장 산업으로 자리매김을 끝냈다. 기업과 자본의 결합이 활발해지면서 증권사에서도 엔터테인먼트 업종 애널리스트들이 속속 등장했고, 대학에서도 엔터테인먼트와 문화 콘텐츠 업종에 관련한 연구와 교육을 늘렸다.

그때로부터 약 7년이 지난 지금은 어떨까. 엔터테인먼트 산업은 정체된 한국 경제의 성장성을 뒷받침해 줄 대표적인 성장 동력으로 꼽히기에 이르렀다. IT, 자동차, 철강, 화학, 조선 등 대기업 위주의 제조업은 성숙 단계를 넘어선 지 오래고, 한국 경제가 필요로 하는 창조와 혁신이 이뤄지는 대표적인 분야가 음악, 영화, 드라마, 게임, 방송 등 엔터테인먼트를 기반으로 한 문화 콘텐츠 산업이기 때문이다.

한국 엔터테인먼트 산업 시장 규모는 2012년 무렵 116억 달러(13조 원)로 세계 10위권에 진입했다. 이 시기 전 세계 음악 산업 매출 규모에서 CJ E&M은 14위, 로엔엔터테인먼트는 15위, SM엔터테인먼트가 20위를 기록했고, 특히 SM엔터테인먼트는 수익성 측면에서 1위를 차지했다. 「2015년 KAIST 글로벌 엔터테인먼트 산업 경쟁력 보고서」에 따르면 2013년 GDP 순위 13위인 한국의 엔터테인먼트 산업 경쟁력은 세계 8위로 격상했다. 이후 2016년에는 한국의 미디어 콘텐츠 수출 규모가 3억6,000만 달러에 이르렀는데, 순수 자국 콘텐츠의 해외 수출액 규모로 보면 미국과 영국 다음으로 세계 3위 수준이었다.

급변하는 트렌드와 시장 변동성 속에서도 한류 엔터테인먼트의 위상은 지속적으로 높아지고 있다. 2012년 전 세계 최대 히트곡이 된 싸이의 〈강남 스타일〉 뮤직비디오는 30억 뷰를 넘어서며 유튜브 조회 수 역사를 새로 썼고, 2018년에는 방탄소년단(BTS)이 싸이도 오르지 못한 빌보드 뮤직 차트 1위를 차지했다. 이처럼 한국 엔터테인먼트의 발전사는 여전히 현재 진행형이다.

돈과 함께 성장한 자본 친화적, 융합적 산업

엔터테인먼트 세상을 움직이는 건 '돈'이다. 지나친 단언 같지만 사실이다. 만드는 사람과 작품 모두 돈으로 연결되고 거래된다. 홍행을 결정하는 건 대중의 감정이지만, 흥행을 평가하는 건 힘의 논리와 비슷한 돈의 논리다. 한국이 엔터테인먼트 강국이 된 것도 따지고 보면 돈이 잘 돌았기 때문이다.

2000년 SM엔터테인먼트의 코스닥 상장(당시 등록)을 선두로 시작된 자본 시장과 엔터테인먼트의 활발한 결합은 한국만의 독특한 특성 가운데 하나다. 미국과 일본의 경우, 음악 또는 배우 매니지먼트 등 단일 엔터테인먼트 사업으로 상장한 기업이 거의 없기 때문이다. 2005년 장외 시장이던 코스닥 시장이 한국거래소로 통합된 이후, 한국은 단 하나의 거래소에 집중된 형태를 띠고 있다. 2017년 4분기 말 현재 한국거래소에 상장된 콘텐츠 기업 수는 116개에 이르며, 단일 거래소에 이렇게 많은 엔터테인먼트 기업이 상장된 현상은 세계 어디에도 전례가 없다. 게다가 기관 투자자 위주인 외국 시장에 비해 한국은 개인이 직접 주식을 사고파는 '개미 투자자'의 비중이 높은데, 이들은 대중에 친숙하게 다가가는 엔터테인먼트 기업의 사업과 이슈에 열광하는 경향을 보이며 자본의 회전 속도를 더욱 빠르게 부채질하고 있다.

주가 변동성이 높고 사건 사고도 많지만 엔터테인먼트 상장사들은 여전히 기관과 외국인, 개인이 활발하게 거래하는 성장성 큰 주식으로 인정받는다. 이들이 일찌감치 주식 시장에 상장돼 개인 투자자의 돈까지 끌어들이지 않았다면 지금의 한국 엔터테인먼트 위상은 없었을지 모른다.

한국 엔터테인먼트의 또 다른 핵심은 매우 '융합적'이라는 데 있다. 매니지먼트, 제작, 음악, 게임 등 개별 사업은 단순한 분야로 볼 수도 있다. 그러나 엔터테인먼트는 다른 산업과 융합해 부가 가치를 일으킬 때 특히 폭발력이 강하다. 방송, 미디어, 통신, 광고뿐 아니라 제조, 유통, 건설 등 기존 산업들이 엔터테인먼트의 사람, 작품, 스토리텔링과 결합을 확대하고 있는 건 바로 엔터테인먼트 업종의 부가 가치 효과 때문이다.

2010년대로 접어들면서 엔터테인먼트 기업은 기존 미디어 기업들과 본격적인 융합을 시도했다. 여러 엔터테인먼트 기업이 사업 다각화에서 한 발 더 나아가 미디어 플랫폼과 엔터테인먼트를 결합시킨 E&M*Entertainment & Media* 모델로 기업 형태를 바꿨다. 대표적인 예로 CJ그룹은 2011년 CJ미디어, 온미디어, CJ인터넷, CJ엔터테인먼트, 엠넷미디어 등 다섯 개 사업자를 합병하면서 CJ E&M이라는 거대 상장 기업을 탄생시켰다. IHQ도 2015년 CU미디어라는 케이블 채널 사업자와 합병함으로써 E&M 사업자로 재편했다.

OSMU는 만능열쇠? 확장성과 휘발성

엔터테인먼트 업종의 특성을 설명할 때 빠지지 않고 등장하는 것이 '원 소스 멀티 유즈*One Source Multi Use, OSMU*'다. 하나의 엔터테인먼트 콘텐츠로 웹툰, 영화, 드라마, 연극, 음악, 캐릭터 등 다양한 분야에 활용할 수 있기 때문이다. 이처럼 다른 장르 또는 다른 산업 분야와 결합해 높은 부가 가치를 창출할 수 있는 건 엔터테인먼트만의 특별한 장점이다. 정훈탁 IHQ(싸이더스HQ) 창업자는 엔터테인먼트 산업의 가장 본질적 가치는 '마케팅'이라고 강조한다. 본연의 사업 가치도 크지만 다른 산업과 결합해 부가 가치를 일으키는 게 더 큰 핵심 가치라는 의미다.

그러나 엔터테인먼트는 확장성뿐 아니라 휘발성도 큰 분야다. 손대현 교수는 저서 『문화를 비즈니스로 승화시킨 엔터테인먼트 산업』(2004, 김영사)에서 "한류 엔터테인먼트의 생명은 창의성과 신기성에 기반한 새로움과 콘텐츠의 재미, 스토리텔링, 이미지 등에 있는데, 문제는 대중이 이 새로움을 너무 쉽게 싫증 내는 데 있다"고 지적했다. 확장성이 크고 수익 다변화가 가능하지만 항상 새로운 창의성을 요구하고 휘발성이 강한 고위험 고수익 산업이 엔터테인먼트 분야인 것이다. 실제로 한 장르의 작품이 성공하면 시장은 다양한 OSMU를 시도하곤 하는데, 기대만큼 성과로 이어지는 경우는 많지 않다.

엔터테인먼트 분야에서 OSMU는 2010년대 초 웹툰 원작을 영화화하면서 급속도로 주목을 받았다. 윤태호 작가의 『이끼』와 『내부자들』, 강풀 작가의 『26년』, 『이웃사람』, HUN 작가의 『은밀하게 위대하게』 등이 영화로 만들어지고 줄줄이 흥행에 성공했다. 물론 『더 파이브』, 『패션왕』, 『전설의 주먹』 등 영화로는 수익을 올리지 못한 원작도 있으나 전반적으로는 웹툰 팬층을 바탕으로 영화화에 힘이 실리는 추세였다. 콘텐츠에 투자하는 벤처캐피털 운용사들도 OSMU의 확장성을 강조하며 투자자를 유치했고, 모태 펀드 등 자금을 동원해 펀드를 결성했다.

하지만 유행처럼 번져 가던 OSMU의 확장성이 계속해서 성공을 거두지는 못했다. 2017년을 예로 들면 〈남한산성〉, 〈군함도〉, 〈장산범〉, 〈희생부활자〉, 〈석조저택 살인 사건〉, 〈대장 김창수〉 등 소설과 웹툰을 원작으로 한 영화들이 흥행에 실패했다. 흥행 공식처럼 여겨지던 OSMU의 성적이 저조했던 건 엔터테인먼트 특유의 '휘발성'을 간과한 측면도 있었다. 개봉 당일 관객이 100만 명에 육박했던 영화 〈군함도〉가 이후 11일 만에 일 관객 수 10만 명 아래로, 또 21일 만에 1만 명 아래로 떨어진 사례는 엔터테인먼트를 대하는 대중들의 냉엄한 소비 행태를 극단적으로 보여 준다.

한번 대박 난 영화의 속편 역시 마찬가지다. 지난 시절에는 4탄까지 나온 〈돌아이〉나 9편까지 선보인 〈우뢰매〉 같은 장편 시리즈물도 있었지만, 이런 현상은 점점 찾아 보기 어렵다. 여러 이유가 있겠지만 가장 원

초적으로는 대중에게 익숙한 이야기에 새로움을 더하는 후속 스토리텔링과 창작이 쉽지 않기 때문이다.

최근에는 리스크를 피하기 위해 우회적으로 OSMU에 접근하는 방식도 등장했다. 과거에는 소설이나 웹툰 원작의 저작권을 사서 영화나 드라마 형태로 OSMU를 시도했다면, 이제는 원작의 리메이크 권리만 확보해 새로운 형태로 다시 만들거나, 예능 등 콘텐츠 포맷만을 확보한 뒤 그 위에 새로운 콘텐츠를 창작하는 사례가 많다. 해외에서 공개돼 한국 관객과 거리감이 있는 인기 원작이나 저평가된 원작을 사서 리메이크한 영화가 독보적인 수익을 올리기도 했다. 2016년 6월 개봉한 박찬욱 감독의 영화 〈아가씨〉는 영국 작가 세라 워터스의 소설 『핑거스미스』를 원작으로, 시대 배경을 한국과 일본으로 재창조해 약 430만 관객을 모으는 데 성공했다. 2016년 가을에는 우치다 켄지 감독이 연출한 일본 영화 〈열쇠 도둑의 방법〉을 리메이크한 이계벽 감독의 영화 〈럭키〉가 700만이 넘는 관객을 동원하며 대히트를 기록했다. 일본에서 〈열쇠 도둑의 방법〉은 62만 관객에 그쳤는데 말이다.

이와는 대조적으로 2007년 출간된 기욤 뮈소의 동명 소설을 영화화 한 〈당신, 거기 있어 줄래요〉는 흥행하지 못했다. 2014년 중국에서 히트를 친 곽부성 주연의 영화 〈침묵의 목격자〉를 리메이크한 정지우 감독의 영화 〈침묵〉도 예상 외로 저조했다. 원작의 인지도가 관객의 관심을 모으는 데는 유리하게 작용했지만, 새로움을 주기에는 부담으로 작용했기 때문이다.

이처럼 '멀티 유즈'에도 한계는 분명 존재하지만, 여전히 엔터테인먼트는 매우 확장성이 높고 융합적인 산업이다. 애니메이션에서 파생한 뮤지컬 〈라이온 킹〉은 1997년부터 2017년까지 20년 동안 8조5,000억 원이 넘는, 단일 콘텐츠 사상 가장 큰 흥행 수입을 거두었다. OSMU의 대표적 성공 사례로 꼽는 월트 디즈니의 대표 캐릭터 미키마우스 역시 애니메이션, 라이선싱, 테마 파크, 스튜디오, MD 사업 등으로 연간 6조 원가량 수익을 올린다고 한다. 이런 사례에서도 알 수 있듯이 저작권 생태계와 미디어를 통한 콘텐츠 유통망을 철저하게 구축한 경우에 OSMU의 확장성은 극대화될 가능성이 높다. 보면 볼수록 엔터테인먼트는 힘의 논리, 즉 자본의 논리가 강하게 지배하는 세상이다.

2.
엔터테인먼트는 '담아야'
돈을 버는 '콘텐츠'랍니다

"구슬이 서 말이라도 꿰어야 보배"라는 속담만큼 엔터테인먼트 산업의 특성을 잘 설명하는 말도 없다. 엔터테인먼트의 숙명은 '미디어'를 통해 '콘텐츠' 형태로 상품화되고 유통되는 것이다. 극장과 지상파뿐 아니라 통신, 케이블, 인터넷 TV(IPTV), 웹, 모바일 등에 '담겨' 소비되지 않으면 의미가 없다. 아무리 좋은 영화라도 극장에 안 걸리면 소용 없고, 아무리 좋은 드라마도 방송을 타지 못하면 가치를 인정받지 못한다.
엔터테인먼트 상품이 '어떤 미디어에 담기느냐'는 수익의 크기와 운명을 결정 짓는 핵심 요소다. 영화가 극장에 걸리면 관객이 내는 티켓 값을 나눠 갖지만, 유튜브 같은 동영상 플랫폼에 올라가면 광고주가 내는 광고료 수익만 기대할 수 있다.

엔터테인먼트? 콘텐츠?

영화와 드라마를 산업으로 볼 때 명칭은 나라마다 다양하다. 엔터테인먼트 산업과 콘텐츠 산업의 생태계는 서로 넓은 교집합을 갖지만, 이름이 주는 메시지는 크게 다르다. 엔터테인먼트가 장르적 구분에 가깝다면, 콘텐츠는 말 그대로 '내용물'의 형태로 미디어에 담긴

그림 1 | 콘텐츠 산업 구조

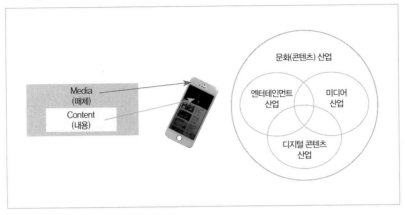

상품의 뉘앙스가 강하다. 언제부턴가 영화나 드라마를 이야기할 때 엔터테인먼트와 콘텐츠가 번갈아 쓰이더니, 어느새 콘텐츠란 말이 보편적으로 쓰이는 세상이 됐다. 이유가 뭘까.

주지할 점은 엔터테인먼트를 콘텐츠로 바라보는 경향은 우리나라와 일본처럼 유통 자본이 강한 곳에서 더욱 두드러진다는 것이다. 일본과 마찬가지로 우리나라 문화체육관광부는 엔터테인먼트에 기반한 산업 전체를 '콘텐츠 산업'으로 통칭한다. 이와 달리 미국에서는 '엔터테인먼트 산업', 영국은 '창조 산업', 캐나다는 '예술 산업', 중국은 '창의 산업'이라는 용어를 쓴다.

우리나라와 일본이 엔터테인먼트를 콘텐츠 산업으로 통칭하는 것은 제작 진영보다 통신과 방송 같은 유통 진영의 지배력이 상대적으로 강한 특성으로도 해석할 수 있다. 한국과 일본 모두 산업 초기에는 종합상사로 불리는 대기업과 대형 통신사가 유통망을 잡고, 수입 또는 제작한 콘텐츠를 시장에 내보내는 방식으로 사업을 시작했다. 한국에서 가장 큰 CJ그룹이 영화 투자 배급업에 뛰어든 건 1990년 멀티플렉스 형태의 극장 플랫폼 사업을 시작하면서 플랫폼에 유통시킬 콘텐츠를 수급하는 차원에서였다. 픽사, 마블, 20세기 폭스를 거느린 미국의 월트 디즈니가 애니메이션 영화 제작사로 출발했고, 유니버셜, 파라마운트, 워너 브라더스, 컬럼비아 등도 유통사에 인수됐지만 여전히 초기의 제작 브랜드를 유지하고 있는 것과는 출발점이 크게 다르다.

멀티미디어와 콘텐츠, E&M의 시대로

여러분이 읽고 있는 이 책은 미디어일까 콘텐츠일까? 휴대폰으로 본 영화나 드라마는 콘텐츠가 분명하고, PC방에서 즐기던 게임을 콘텐츠로 불러도 어색하지 않다. 휴대폰으로 본 기사도 콘텐츠로 분류할 텐데, 그렇다면 종이 신문을 콘텐츠로 봐도 될까?

질문에서 짐작할 수 있듯이 콘텐츠의 본질은 미디어와의 '분리 가능성', 즉 '확장성'에 있다. 미디어와 내용을 분리할 수 없는 종이 책과 종이 신문은 미디어이면서 동시에 콘텐츠다. 콘텐츠라는 말은 새로운 미디어들이 생겨나고 멀티미디어의 시대로 접어들면서 본격적으로 확산됐다. 가령 극장에서만 영화를 볼 수 있던 시기에 영화는 미디어이자 콘텐츠였다. 하지만 극장, TV, 스마트폰, 포털 사이트 등에 담겨 소비되는 지금의 영화는 분명 콘텐츠다.

2000년대 이후 한국의 엔터테인먼트 산업이 성장하는 데는 이 콘텐츠의 확장성이 촉매로 작용했다. 과거 TV, 극장, 공연장 위주던 미디어 플랫폼이 통신, 케이블, 휴대폰, IPTV 등으로 다각화되면서 영화, 드라마, 뮤직비디오들이 OSMU 형태로 활용되기 시작한 것이다. 특히 무선 인터넷을 기반으로 한 통신 사업자들은 자신이 구축한 플랫폼 가입자를 위해 '콘텐츠 서비스'를 추진했고, 그 결과 시장에서는 엔터테인먼트 기업에 대한 대규모의 자본 투자가 이루어졌다. SK텔레콤은 음악 콘텐츠를 제공하기 위해 현재 로엔엔터테인먼트의 전신인 서울음반과 엔터테인먼트 기업 IHQ를 인수했고, 여러 가수를 보유한 JYP엔터테인먼트에는 2대 주주로 참여했다. KT는 자회사 KTF의 '도시락'을 통해 음악 사업을 하면서 드라마 제작사인 올리브나인과 영화 제작 배급사인 싸이더스FNH를 인수했다.
엔터테인먼트 기획사도 예외는 아니었다. SM엔터테인먼트는 상장 자회사인 SM C&C를 인수하면서 방송, 예능, 제작 영역으로 사업을 다각화했고, 2018년에는 FNC애드컬쳐(이후 SM라이프디자인그룹)과 배우 배용준이 대주주로 있던 키이스트까지 인수하면서 SM엔터테인먼트그룹으로 몸집을 키웠다. YG엔터테인먼트도 2014년에는 YG플러스를 인수해 화장품, 스포츠, 모델, 외식, 게임, 투자 사업에 진출했고, 2017년에는 국내 최대 포털인 네이버를 2대 주주로 1,000억 원의 투자를 유치하며 미디어와의 결합을 본격화했다.

2010년대 들어 두드러진 이 같은 E&M 모델로의 전환은 엔터테인먼트와 미디어의 결합을 통해 콘텐츠 확장성을 최대화하고 휘발성에도 대비하려는 움직임이었다. 그 결과 자체 미디어 플랫폼을 활용해 콘텐츠 공급을 안정적으로 확대하고 무분별한 확장으로 인한 휘발성의 리스크도 줄일 수 있었다. 하지만 E&M의 메인 스트림도 진화하는 통신 기술 앞에서 주도권이 흔들리는 모양새다. OTT로 대표되는 새로운 통신 미디어는 단순한 결합을 넘어서, 하나의 콘텐츠를 여러 미디어를 넘나들며 즐기는 'N스크린*N-screen*' 시대를 빠르게 열어 가고 있기 때문이다.

TV 위에 셋톱, 셋톱 위에 OTT

'안방 극장'이란 말은 이제 옛말, 아니 틀린 말이 돼 버렸을까.

90여년 전 극장을 위협하며 등장한 TV는 가정의 안방을 차지하며 극장을 대신했다. 하지만 무선 인터넷 통신으로 고화질 영상을 실시간으로 주고받는 지금 세상에서 누구도 안방 TV를 극장으로 여기지 않는다. 등장한 지 얼마 되지 않은 '본방 사수'라는 말도 어느덧 유행에서 멀어졌다. 스마트폰, IPTV, 태블릿PC 등을 오가며 보고 싶을 때 언제든 볼 수 있기 때문이다. 방송국도, 통신사도, 포털 사이트도 아닌 새로운 플랫폼, OTT에서 말이다.

셋톱 박스*Set Top Box*는 TV 위에 설치한 상자를 가리키는데, OTT*Over The Top*는 말 그대로 셋톱 위에 또 얹는 서비스를 말한다. 셋톱 박스는 지상파나 케이블, 위성으로 전달되는 신호를 TV로 시청할 수 있도록 신호를 변환하는 장치다. 반면에 OTT는 인터넷과 통신 발달로 실시간 고화질 영상 스트리밍이 가능해지면서, 전파나 케이블 대신 인터넷을 통해 영화, 드라마, 방송 프로그램 등을 시청하는 서비스다. 또한 IPTV가 인터넷을 통한 TV 서비스라면, OTT는 TV, PC, 스마트폰 등 여러 기기로 확장되는 서비스를 의미한다.

OTT의 등장은 콘텐츠 소비 흐름을 바꾸어 놓았다. 과거 안방 극장에서 본방 사수하던 엔터테인먼트 콘텐츠를 저장 또는 다운로드 해서 TV와 PC, 스마트폰을 오가며 다시 보기, 이어 보기 등으로 원하는 때 원하는 장소에서 볼 수 있게 했다. N스크린뿐 아니라 미국에서 회자

되는 '코드 커팅 *Cord-Cutting*'이라는 용어는 케이블 등 유료 방송 가입자가 서비스를 해지한 뒤 OTT 플랫폼으로 갈아타는 트렌드를 묘사하는 말이다. 한국도 마찬가지다. TV나 컴퓨터의 코드를 잘라도 우리의 콘텐츠 소비는 계속된다. OTT를 통해서 말이다.

명실공히 세계 최대 OTT 사업자는 넷플릭스 *Netflix*다. 넷플릭스는 1997년 매장에서가 아닌 우편과 택배로 DVD를 대여하는 서비스를 시작해 2006년 온라인 스트리밍 서비스로 기반을 넓혔다. 광고 없이 구독자 정액제로 운영하며, TV와 PC, 스마트폰뿐만 아니라 아이패드, X박스, 플레이스테이션 등 인터넷이 연결되는 여러 기기를 통해 영화나 드라마, 다큐멘터리, 예능을 제공한다. 비슷한 시기에 아마존 프라임 비디오 *Amazon Prime Video*, 훌루 *Hulu*, 구글 비디오 *Google Videos*, 애플TV *AppleTV* 도 연이어 등장했다. 대부분 월정액을 내고 무제한 시청하는 '구독자 모델'이나 편당 가격을 유료 결제하는 형태로 운영한다.

2017년 북미 가입자 기준 OTT 시장 점유율은 넷플릭스가 약 44%, 아마존 프라임 비디오가 23%, 훌루가 13%를 차지했다. 이들 사업자는 2010년부터 미국을 떠나 캐나다, 유럽 등으로 영토를 확장해 왔으며, 2014년에 들어 본격적으로 글로벌 콘텐츠에 투자하고 있다. 한화투자증권에 따르면 2018년 넷플릭스는 8조 원, 아마존은 5조 원, 훌루는 2.5조 원을 콘텐츠 라이선스 계약과 오리지널 콘텐츠 제작에 투자할 계획이라고 한다.

🔗 표 1 ┃ 넷플릭스 오리지널 콘텐츠 및 라이선스 계약 내역

구분	콘텐츠	제목	투자비/판권 금액	방영 시기
오리지널 콘텐츠	영화	옥자	5,000만 달러(한화 600억 원)	2017년 6월
	예능	범인은 바로 너	회당 1억 원 이상	2018년 5월
	드라마	킹덤	200억 원	2018년 하반기
라이선스 계약	드라마	맨투맨	60억 원(1회당 35만 달러)	2017년 4월
		화유기	100억 원(1회당 45만 달러)	2017년 12월

🔗 그림 2 ┃ 주요 한국 드라마의 중국 온라인 동영상 플랫폼 판권 수출 규모 (단위: 만 달러)

1.5	81.5	30.0	100.5	40.0
2013년	2014년	2015년	2016년	2017년

쥐꼬리의 변신, 롱 테일을 잡아라

"개봉 일주일이면 흥행은 이미 결판이 납니다."

2018년 한국 영화 관계자들이 입을 모으는 주된 특징 가운데 하나는 극장 상영 주기가 짧아졌다는 점이다. 5월 개봉한 〈어벤져스: 인피니티 워〉는 초기에 전체 상영 점유율의 70% 이상을 독점하며 관객 몰이에 성공했으나 일주일 뒤 관객이 급감했다. 새로 개봉하는 영화도 많았지만 개봉 초기를 놓치면 극장에서 영화를 볼 기회를 뺏기는 주기가 짧아진 탓이다. 과거처럼 2~3개월 상영관을 열어 놓고 꾸준히 관객을 받아 장기 흥행을 연출하는 영화는 찾아보기 어려워졌다. 이렇게 되면 마케팅 예산이 적어 개봉 시기에 많은 스크린을 잡지 못한 중소 규모의 한국 영화가 설 자리는 점점 좁아질 수밖에 없다.

하지만 잘 만든 영화라면 상심만 할 일도 아니다. 과거 한국에서 극장을 제외한 부가 판권 시장은 '쥐꼬리' 취급을 받곤 했다. 하지만 케이블과 IPTV 사업자들이 저마다 VOD 서비스를 확대하고 넷플릭스를 비롯한 OTT 플랫폼 사업자들이 크게 늘어나면서, 좋은 영화가 장기간 수익을 올리는 일이 점차 늘고 있다. '쥐꼬리'의 생태계가 넓어지고 촘촘해지면서 부가 판권 매출 비중을 높이는 긴 꼬리, 즉 '롱 테일'로 바뀌고 있기 때문이다.

'롱테일 법칙 *Long Tail Theory*'은 1800년대 말 사회 과학을 지배했던 '파레토 법칙*Pareto's Law*'에 대한 반작용으로 등장했다. 2004년 유명 IT 잡지 『와이어드*Wired*』 편집장 크리스 앤더슨이 만든 용어이며, IT와 통신 서비스의 진화에 힘입어 시장의 중심이 소수 20% 상위 계층에서 다수인 80% 대중으로 옮겨가는 것을 말한다.

파레토 법칙은 8대 2의 법칙으로, 잘 나가는 20%의 소수가 나머지 80%가 일으키는 매출 이상을 책임지기 때문에 주요 마케팅 타깃은 소수 20%인 상위 계층을 향해야 한다고 강조했다. 하지만 미국 최대 서점인 아마존이나 음악 판매 서비스인 애플 아이튠즈, 개인 간 거래 시장인 이베이 등 신생 IT 기업들에는 파레토 법칙이 전혀 들어맞지 않았다. 이들은 긴 시간 동안 무한대의 온라인 공간에서 무수히 많은 상품을 유통해 왔다. 비록 판매가는 싸지만 오프라인 매장처럼 유지비가 들지 않기 때문에 얼마든지 장시간 거래를 열어 놓을 수 있었다. 일례로 2000년대 초 아마존이 인터넷 서점에 진출했을 당시, 오프라인 서점들은 잘 팔리는 20%의 서적을 진열대에 올리는 데 집중했다. 하지만 아마존은 나머지 80%의 비인기 서적을 온라인에서 편하게 구매할 수 있도록 인프라를 구축했고, 그 결과 비인기 서적을 통해 50%가 넘는 매출을 올렸다. 주목 받지 못하는 80% 다수가 핵심적인 소수 20% 보다 더 큰 가치를 창출하는 롱테일 법칙을 증명해 보인 것이다.

실제로 영화나 드라마 업계에서도 롱테일 법칙이 서서히 뿌리를 내리고 있다. 얼마 전까지만 해도 영화 업계에 투자하는 벤처캐피털이나 투자 배급사들은 부가 판권 매출을 영화 전체 매출의 17% 미만으로 산정하곤 했다. 하지만 2018년 들어서는 부가 판권 매출을 전체의 17~20% 전후로 산정한다. 여전히 극장 매출이 70~80%에 달하지만, 경우에 따라 부가 판권으로 50%가 넘는 매출을 기록하는 영화도 등장하고 있다. 부가 판권 매출 비중이 20%를 넘어 30%에 육박하는 건 시간 문제로 여겨진다.

한국으로 열린 OTT 시장, 잘 만들면 오래 번다

넷플릭스는 2014년 아시아 최초로 일본 애니메이션 콘텐츠에 투자한 데 이어, 2016년부터 한국 영화와 드라마를 주요 타깃으로 삼았다. 넷플릭스가 서비스하는 한국 콘텐츠 수는 2016년 말 60개에서 2017년 약 100개, 2018년에는 450개 이상으로 추정된다. 넷플릭스가 투자한 한국 오리지널 콘텐츠로는 2017년 6월 개봉한 영화 〈옥자〉(600억 원), 2018년 5월 선보인 예능 〈범인은 바로 너〉(회당 1억 원 이상), 2018년 하반기 선보이는 6부작 드라마 〈킹덤〉(200억 원)이 있다. 〈맨투맨〉(회당 35만 달러)과 〈화유기〉(회당 45만 달러)는 넷플릭스가 라이선스 계약을 한 드라마다.

뿐만 아니라 유튜브는 2016년 12월 아시아 최초로 한국에 '유튜브 레

드 *Youtube Red*'라는 월정액 스트리밍 서비스를 론칭했다. 기존 OTT 플랫
폼 외에 소셜 네트워크 서비스도 한국의 엔터테인먼트 서비스를 발빠
르게 준비하고 있다. 페이스북은 2017년 하반기에 오리지널 콘텐츠를
유통하는 '와치 *Watch*'를 내놓았다.

외부 OTT 플랫폼의 한국 진출이 본격화되는 가운데, 넷플릭스나 아
마존이 서비스되지 않는 중국 OTT 시장이 한국 엔터테인먼트 업계에
새로운 기회로 급부상했다. 다만 중국은 영화보다 드라마 위주로 OTT
판매가 이루어진다. 아이치이 *Iqiyi*, 유쿠투더우 *Youkutudou*, 텐센트 *Tencent* 등
이 중국의 대표적인 OTT 사업자로, 이 가운데 아이치이가 2013년
SBS드라마 〈상속자들〉(회당 1.5만 달러)과 2014년 〈별에서 온 그대〉
(3.5만 달러)를 서비스하면서 포문을 열었다. 중국 수출 초기 회당 판
권 가격은 1만5,000달러였지만 2017년 SBS드라마 〈당신이 잠든 사
이에〉는 텐센트에 회당 40만 달러(한화 4.2억 원)에 팔렸다.
국내 OTT 시장 또한 급성장했다. 2013년 1,500억 원 수준에서 매년
40% 가까이 성장하면서 2018년에는 8,000억 원에 이르렀다. SK텔
레콤의 옥수수, 네이버TV, 카카오TV, 올레TV, 티빙, 왓챠 플레이 등
이 국내 영화와 드라마를 서비스하고, 롯데시네마도 오프라인 극장 사
업자 최초로 OTT 서비스를 선보였다.

표 2 | 주요 한국 드라마의 중국 온라인 동영상 플랫폼 판권 수출 가격 (단위: 달러)

시기	드라마(방영 채널)	동영상 플랫폼	회당 판권 가격
2013	상속자들(SBS)	아이치이	15,000
2014	별에서 온 그대(SBS)	아이치이	35,000
	닥터 이방인(SBS)	유쿠투더우	80,000
	나쁜 녀석들(OCN)	유쿠투더우	100,000
	괜찮아, 사랑이야(SBS)	유쿠투더우	120,000
	내겐 너무 사랑스러운 그녀(SBS)	유쿠투더우	200,000
	피노키오(SBS)	유쿠투더우	280,000
2015	프로듀사(KBS)	소후	200,000
	하이드 지킬, 나(SBS)	유쿠투더우	100,000
2016	치즈인더트랩(tvN)	유쿠투더우	125,000
	태양의 후예(SBS)	아이치이(동시 방영)	230,000
	함부로 애틋하게(KBS2)	유쿠투더우(동시 방영)	250,000
	달의 여인-보보경심 려(SBS)	유쿠투더우(동시 방영)	400,000
2017	당신이 잠든 사이에(SBS)	텐센트	400,000

출처_KOCCA, 한화투자증권

이처럼 급속도로 확대되는 OTT 플랫폼의 다양화는 영화와 드라마 콘텐츠의 매출 꼬리를 더욱 길게 만들어 준다. 방송통신위원회에 따르면 2016년 기준 글로벌 OTT 시장 규모는 260억 달러고, 2020년 전망치는 681억 달러에 달한다. 잘 만든 영화나 드라마의 수익화 기간과 경로가 '롱 테일'로 확대되고, 극장과 TV 흥행에 실패하더라도 OTT, VOD, 해외 판매 등의 부가 수익으로 제작비를 만회할 기회 역시 늘어나고 있다. 다양한 플랫폼으로 휘발성을 극복하면서 부가 수익을 올리는 밸류 체인이 길어지고, 포털, 동영상 사이트, OTT 등으로 재판매

되는 기간과 관객들과의 접점도 점점 증가하고 있기 때문이다.

영화와 드라마 같은 영상물뿐 아니라 잘 만든 원작도 긴 꼬리로 부가가치를 일으킬 수 있다. 애거서 크리스티의 추리 소설을 원작으로 한 영화 〈오리엔트 특급 살인 사건〉이 소설 출간 43년 뒤인 2017년에 영화화 돼 머나먼 한국 땅에 상륙한 것처럼 말이다.

자투리 생각_한국 엔터테인먼트가 강한 이유는 뭘까?

일찍이 중국 선조들은 「삼국지」 「위지동이전」에서 부여의 집단 제천 의식인 '영고'를 이렇게 묘사했다. "음주와 가무가 끊이지 않았으며 죄인을 한꺼번에 사면하기도 했다. 고구려 제천 의식도 남녀가 무리를 지어 노래와 춤을 즐긴 국가적 행사였다." 한국 고조선의 천노왕이 비류강에서 야유하는데 악공은 영선악을 연주하고 궁녀들은 영선무를 추었다는 기록도 있다. 말하자면 한반도 사람을 '풍류의 달인'으로 묘사한 것인데, 이만 하면 '한국인의 노는 문화가 게임 경쟁력을 키우고, 춤추는 문화가 K팝을 낳았다'는 식의 분석도 그럴 싸하게 들린다. 하지만 필자는 풍류보다는 오랜 기간 누적된 한국 특유의 복합성으로 설명하고 싶다.

먼저 언어적 측면이다. 우리가 사용하는 말은 한글의 표음 문자와 한자의 표의 문자가 결합돼 있어 복잡다단한 정서를 풀어낼 수 있고, 자모음의 우수한 구조 덕분에 영어 표기까지 소화하는 능력을 가졌다.
두 번째는 정서를 들 수 있다. 오랜 기간 스며든 중국 문화를 바탕으로 한 일본과 미국 문화의 융합, 정치적 갈등과 외환 위기를 겪으며 쌓은 복합적이고 비판적인 정서, 이에 더해 현실을 초월하는 상상력 등이 강력한 엔터테인먼트 콘텐츠의 밑거름이 됐다.
세 번째는 산업적 측면이다. 제조업 기반의 성장성 위축과 취업난, 세대 간 불균형 등이 창작과 엔터테인먼트 비즈니스로의 도전 이면에 도사리고 있다. 실제 K팝 아이돌 대부분이 교육을 포기하고 연습생으로 모험을 걸어 성공했다. 취업과 창업 대신 BJ나 유튜버에 도전하는 사람은 또 얼마나 많은가. 지금 이 시간에도 많은 젊은이가 소설, 만화, 웹툰, 웹소설, 시나리오를 쓰고 있을 것이다.
마지막으로 한국의 강한 IT 기술 빼놓을 수 없다. 한국이라는 크지 않은 시장에서 치열하게 경쟁하면서 축적된 통신·인터넷 기술과 노하우는 세계 최고 수준이다. 특히 한국은 유선 통신의 광대역화, 무선 통신의 광대역화 그리고 유무선 통신 결합이라는 통신 기술의 단계별 성장을 차곡차곡 겪었다. 이 과정에서 통신 플랫폼에 콘텐츠를 제공하는 한국의 게임과 엔터테인먼트 기업들은 끝없는 경쟁 속에서 숱한 성공과 실패, 시행착오의 교훈을 갖게 됐다. 예를 들어 하드웨어만 해도 우리는 씨티폰부터 유무선 전화기, 와이브로, PDA, 네비게이션 등 여러 가지 기기를 단기간에 쓰고 버리면서 살아왔고, 수많은 엔터테인먼트 기업이 하드웨어에 걸맞은 엔터테인먼트 콘텐츠를 생산하고 유통하면서 명멸을 거듭했다.

이제 콘텐츠의 흐름은 인터넷과 모바일 통신을 활용한 새로운 플랫폼으로 이동하고 있다. 엔터테인먼트 주도권이 지상파나 케이블 방송 채널 미디어에서 IPTV와 OTT 플랫폼 등으로 넘어간다는 의미다. 모바일 통신 기술이 대용량 고화질 콘텐츠를 거의 실시간으로 전송할 수 있게 되면서 콘텐츠를 유통하는 모바일 플랫폼이 미디어 플랫폼 전쟁의 키를 쥔 핵심 채널로 부상한 건 어찌 보면 당연하다.

글로벌 미디어 플랫폼의 치열한 경쟁 속에서 한국은 점점 빛을 발하고 있다. K팝과 영화, 드라마 등 한국의 검증된 엔터테인먼트 콘텐츠가 전 세계 고객을 확보하는 중요한 수단이 되기 때문이다. 일본의 슈퍼 마리오나 미국의 아이언맨처럼 전 세계를 아우르는 킬러 콘텐츠가 다음은 한국에서 나올 차례다.

2장
엔터테인먼트로 어떻게 돈을 벌까

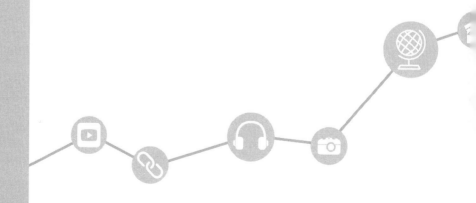

1.
놀면서 돈 버는 엔터테인먼트?

"엔터테인먼트는 놀면서 돈 버는 사업이다."
일부 성공한 사람들에게는 분명 맞는 얘기다. 실제로 엔터테인먼트 사업가 중에는 유명 작가나 화려한 배우들과 만나 먹고 마시면서 작품을 구상하거나 협력 관계를 돈독히 하며 사업을 승승장구로 이끄는 사람도 있다. 컴퓨터 앞에서, 기계 앞에서, 손님들 앞에서 쉴 틈 없이 일하는 삶보다 훨씬 매력적이고 편해 보이며, 무엇보다 재미있어 보이게 마련이다.
그래서일까. 성공한 개인과 기업이 뒤늦게 엔터테인먼트 사업에 뛰어드는 경우가 많다. 물론 소득과 여가가 늘고 인구 구조가 변하는 환경 자체를 기회로 판단했을 것이고, 기존 사업과의 시너지 효과를 면밀히 분석했을 수도 있다. 하지만 안타깝게도 엔터테인먼트에 진출한 신규 사업이말로 가장 실패 확률이 높은 업종이기도 하다.

'그들만의 리그'라는 진입 장벽

상대적이고 주관적인 의견일 수 있지만, 엔터테인먼트는 진입 장벽이 높은 업종이다. 주가를 배제하고 영업적 측면에서만 보면 엔터테인먼트 자체가 다른 산업에 비해 수익률이 높지 않은 데다, 새롭게

41

엔터테인먼트에 뛰어든 기업의 수익률도 기대에 못 미치는 경우가 대부분이다. 스스로 유능한 경영자라고 자부하는 이들도 과감하게 진출했다가 맥없이 실패하기도 한다. 굳이 원인을 따져 보자면, 엔터테인먼트 업종은 사람의 '능력'보다 사람 간의 '관계'와 '네트워크'가 더 중요하다는 점을 간과한 데 있겠다.

엔터테인먼트는 본질적으로 사람의 심리에 호소하는 영역이다. 음악, 영화, 드라마, 스타 매니지먼트, 게임 등 대개의 분야가 그렇다. 실제로 매니지먼트 업종의 창업자나 경영자는 사람과의 관계를 정립하고 그것을 계약이라는 형태로 풀어내는 능력을 가진 사람들이다. 시장에 내놓는 엔터테인먼트 상품 역시 사람들과의 관계가 가장 중요하다. 이미지와 소리, 사진, 영상 등으로 어떻게 대중의 마음을 사로잡아서 널리 확산시킬지, 그것으로 어떻게 사람들이 주머니를 열게 할지 고민하고 연구하고 실행하는 것이 엔터테인먼트업의 본질이다.

사실 사람과 돈만큼 마음대로 안 되는 것도 없다. 엔터테인먼트 사업이 어려운 건 이 두가지가 본질적인 경쟁의 원천이기 때문이다. 기술력과 영업력이 핵심 경쟁력인 제조업과 달리, 엔터테인먼트 세계에서는 경쟁력이나 비교 우위를 내세운 어설픈 시장 원리가 통하지 않는다.

생각해 보자. 우리가 TV에서 보는 배우들은 가장 잘 생기고 가장 예쁜 사람이 아니다. 톱 모델이라고 해서 키가 가장 크고 비율이 가장 좋은 것도 아니다. 연기력 역시 마찬가지다. TV나 영화에서 성공한 배우라고 해서 뮤지컬이나 연극 같은 오프라인 무대의 배우보다 연기력이 나은 것도 아니다. 어떤 장르에서, 어떤 제작자나 작가를 만나, 어떤 작품을 만드냐에 따라 그 배우의 성패와 희비가 엇갈린다. 한번 주연을 맡은 배우가 조연으로 잘 내려오지 않고, 주로 조연을 맡던 배우가 주연을 맡으면 어색하듯이, 대중에게 각인된 배우의 이미지와 비중은 그 배우의 성장과 미래에 큰 영향을 미치곤 한다.

과거 IHQ의 매니지먼트 브랜드인 싸이더스HQ는 인적 네트워크를 활용해 새로운 스타일의 스타를 만들어 내기도 했다. 대표적인 예가 여배우 김지호와 남배우 정우성이다. 1990년대 초반, 김지호라는 배우의 중성적 이미지는 일반 대중이 선호하던 전형적인 여성미와는 크게 달랐고, 기획사는 방송사와 광고계 인맥을 십분 활용해 '새로운 트렌드'를 열어 보자고 설득했다. 그 결과 김지호는 화장품, 의류 등 광고와 드라마, 영화를 섭렵하는 톱스타로 성장했다. 지금은 남성 배우의 표본으로 꼽는 정우성도 마찬가지다. 데뷔 당시 186센티미터에 달하는 그의 큰 키는 상대 배우와 차이가 너무 나서 카메라를 잡거나 얼굴 표정을 부각하기 어렵다는 이유로 방송가에서 꺼려지곤 했다. 하지만 기획사는 집요하게 배우의 잠재력과 대중의 트렌드 변화를 들어 설득했고, 정우성은 단숨에 비중 있는 역할로 드라마와 영화를 아우르며 톱스타로 부상할 수 있었다.

마찬가지로 아무리 좋은 드라마 대본이 있어도 주요 방송사 PD의 눈에 들지 않거나, 주요 시간대에 편성을 받지 못하면 대중에게 어필하기 어렵다. 아무리 괜찮은 영화 시나리오라도 CJ, 롯데, 쇼박스, NEW 같은 메인 투자 배급사의 담당자에게 선택 받지 못하면 상업 영화로 극장에 선보이기 쉽지 않다.

엔터테인먼트 업계의 복잡한 역학 관계 속에서 트렌드를 따라잡거나 트렌드를 이끌면서 성공하려면 먼저 '그들만의 리그' 속으로 들어가야 한다. 사람 간의 신뢰, 우정, 이해 관계 등을 바탕으로 네트워크를 형성해야만 경쟁 자체가 허락된다는 얘기다. 영화판만 해도 투자사나 배우, 감독과의 관계가 삐걱대면서 '엎어진' 전례가 무수히 많다. 수년간 10억 원이 넘는 돈을 들여 육성해 놓고 이런저런 문제로 지상파 방송 한 번 못 나가고 해체된 아이돌 그룹도 여러 차례 목격했다.

돈 싸움, 돈의 효율 싸움… '경영 전략'만으론 한계

여타 업종와 마찬가지로 엔터테인먼트 역시 자본력이 중요한 경쟁력의 원천임에는 틀림없다. 돈이 있으면 배우를 사고, 작가를 사고, 이미 만들어 놓은 작품이나 회사를 살 수도 있다. 그런데 글을 아주 잘 쓰는 작가가 있고 작품이 연달아 성공하면서 몸값이 천정부지로 올랐다고 치자. 돈만 있으면 그 작가를 살 수 있을까? 그렇지는 않다. 오랜 기간 맺어 온 관계와 신뢰 없이 돈만 믿고 뛰어들었다가는 실패하기 십상이다.

실제로 한국 시장에서 대기업이 자본력을 활용해 엔터테인먼트 업계에 뛰어들었다가 쓴맛을 본 사례가 여럿 있었다. 2000년 이후 통신 업계의 업종 다각화 과정이 대표적이다. KT는 드라마 제작 상장사인 올리브나인과 영화 제작사 싸이더스를 인수했고, SK텔레콤은 음악 유통 회사인 서울음반과 대형 배우 매니지먼트 회사이자 드라마 제작사인 IHQ를 인수하고 음악 제작사 JYP엔터테인먼트에 투자했다. 하지만 올리브나인은 상장 폐지됐고 싸이더스는 큰 손실을 보고 매각했다. SK텔레콤도 투자 손실을 감내해야 했다. 통신사들은 엔터테인먼트 회사를 인수한 뒤 작가와 배우를 대거 영입했지만 결론적으로 그들을 움직이는 데는 한계를 드러냈다. 기획 과정에서 시너지를 꾀하고, 통제하기 힘든 매니저를 교체하고, 잘못된 관행을 바로잡기 위해 스태프를 제약하는 등 다양한 전략을 펼쳤지만 그들을 관리하는 일은 쉽지 않았다. 대기업 스타일의 경영 전략은 배우나 작가, 스태프 등 사람의 역량을 십분 활용하는 데는 어울리지 않았다.

자본을 투자해 동종 업계끼리 결합하는 것도 어렵기는 매한가지다. 과거 국내 굴지의 엔터테인먼트 상장 기업이던 Y사는 업계의 유명 배우

45

들을 끌어모으기 위해 주식을 발행하고 그렇게 모은 돈으로 유명 배우들을 파격적인 조건에 대거 영입했다. 그러나 거액을 받고 회사에 소속된 배우들이 계약 기간 내내 일을 하지 않는다는 소문이 자자했다. 일하지 않아도 활동비와 생활비를 지급하기로 한 계약 내용이 일은 않고 즐기기만 하는 악순환으로 이어졌다. 당연히 계약 기간이 끝날 즈음 Y사의 자본력은 약해질 대로 약해졌고 배우들은 계약 끝 무렵에 반짝 일하고 다른 회사로 뿔뿔이 흩어졌다.

자본력과 자본 효율성을 모두 갖춘 유능한 전략가나 기업가라면 엔터테인먼트 업계의 경쟁에서 우위를 점할 수 있다. 하지만 그보다 앞단에 있는 본질적인 경쟁력, 즉 사람과의 관계 문제는 경영 기법만으로 풀 수 없다. 업계의 경험과 '그들만의 네트워크'를 통해 성사시킬 수 있는 일이 많고, 문제가 생겼을 때 해결하는 능력 또한 경험과 '그들만의 네트워크'가 크게 작용하기 때문이다.

2.
엔터테인먼트는
사람으로 돈을 법니다

2010년을 전후로 세계로 뻗어 나간 K팝 열풍의 주역인 SM엔터테인먼트, YG엔터테인먼트, JYP엔터테인먼트. 이른바 'Big 3' 기획사로 불리는 이들은 모두 창업자인 이수만, 양현석, 박진영의 영문 이니셜을 사명으로 사용했다. 이런 일이 한국에만 있는 건 아니다. 미국 할리우드 5대 메이저 스튜디오 중 월트 디즈니, 워너브라더스, 20세기 폭스도 창업자의 성이나 이름을 사명으로 쓰고 있다.
제조업이나 IT 업계에서도 이런 현상이 주류를 이룰 수 있을까? 동시대 국내외의 '잘나가는' 기업들을 들여다보자. 삼성전자, SK하이닉스, 셀트리온, 현대자동차, 포스코, LG화학, 네이버. 그리고 애플, 아마존, 구글, 마이크로소프트, 페이스북, 알리바바. 이 가운데 사람 이름이 있는가? 알리바바라고? 아쉽게도 '열려라 참깨'를 외치던 동화 속 알리바바는 창업자가 아니다.

사람이 핵심 자산이자 최고 리스크

엔터테인먼트 산업의 특징은 '사람'의 역량과 브랜드가 매우 중요하다는 점이다. 기술과 특허, 기계 장치에 의존하는 제조업과는 확연히 구분되는 특성이다. CJ나 롯데, SKT, KT 등의 대기업이 자본 투자를 통해 엔터테인먼트 사업에 진출할 때도 가장 먼저 하는 일 가운데 하나가 사람을 영입하는 것이다. 엔터테인먼트 기업 역시 제조업과 마찬가지로 연구 개발과 교육 훈련을 수행하지만 그 대상은 기계나 기술이 아니라 전적으로 사람의 역량으로 흡수되고 축적되는 경우가 대부분이다. 생산 활동 역시 기계나 기술보다 사람에 의존하는 경우가 많다. 영화, 음악, 게임, 출판, 방송 모두 작가가 존재하며, 제작을 총괄하는 프로듀서나 연출자, 배우, 감독, 가수 등 다양한 사람이 각자 역할을 수행하면서 엔터테인먼트 창작물을 함께 만들어 낸다.

엔터테인먼트업에서 가장 핵심 자산은 사람이다. 그리고 가장 리스크가 큰 것도 사람이다. 문제가 발생하면 이를 해결하는 것 역시 사람, 즉 경영자다.

영화, 드라마, 음악 등의 분야에서 배우나 작가, 감독과의 계약 문제, 건강 문제, 인간적 마찰, 경제적 갈등 등으로 다툼이 벌어지는 때가 종종 있다. 해외 시장에서 인기가 많은 K팝 아이돌 그룹의 경우 팀원 중 일부가 이탈하거나 문제를 일으키면 앨범 출시를 위해 체결한 계약과 투자 비용, 공연을 위해 세팅된 일정과 예산 등이 그대로 기업의 실적 리스크로 반영될 수 있다.

여성 멤버로 구성된 걸 그룹이 수년간 준비한 의상과 이미지 콘셉트를 데뷔 직전에 바꾸기도 한다. 장기간 연습해 온 여성스럽고 발랄한 콘셉트를 버리고 단시간에 섹시하고 강렬한 이미지로 의상과 곡의 편집을 바꿀 수도 있는 것이 엔터테인먼트 산업의 특징이다. 한 예로 국내 걸 그룹 '나인 뮤지스'는 이름대로 멤버 아홉 명이 모여 장시간 합숙과 트레이닝을 하며 데뷔를 준비했다. 그러나 부상과 탈퇴, 멤버 교체가 반복되면서 9인 체제를 완성하지 못한 채 데뷔했고, 이후에도 다섯 혹은 여덟 명의 탄력제로 운영돼 왔다. 이 과정에서 최고 경영층은 인원수를 맞추지 못한 채 데뷔 무대를 치를지, 일부 멤버가 부상당했을 때에도 쇼케이스를 속행할지 등의 핵심적인 의사 결정을 상황에 맞춰 빠르게 내려야 했다.

영화나 드라마의 경우에도 경영자들은 배우의 상황, 촬영 및 후반 작업 수준, 경쟁작들의 경쟁력 등을 비교하여 탄력적이고 신속하게 의사 결정을 해야 한다. 한 예로 2017년 최동훈 감독의 영화 〈도청〉에 캐스팅된 배우 김우빈이 비인두암을 진단 받은 사실이 알려지자 그를 캐스팅한 영화사 측은 그날 즉시 촬영을 연기하겠다고 밝혔다. 이 같은 의사 결정은 여론의 향배에 민감한 엔터테인먼트 특성상 경영자에 의해 신속하게 이뤄지는 것이 바람직하다. 음주 운전, 열애, 추행, 루머 등에 뒤늦게 대응했다가 이미지가 실추되어 기업 가치가 훼손된 사례를 어렵지 않게 접하기 때문이다.

매니지먼트와 에이전시, 장단점이 뭐기에

이렇듯 사람에 크게 의존하다 보니 사람을 관리하는 일, 즉 매니지먼트는 엔터테인먼트 업계의 핵심 사업으로 부상했다. 아무리 회사가 시스템을 잘 갖추어도 사람으로 인한 돌발 변수에서 완벽하게 자유로울 수 없기 때문이다.

사전적으로 매니지먼트*Management*는 '경영'과 '관리'를 뜻하는 보통 명사지만, 엔터테인먼트 업계에서는 사람을 관리하는 일을 지칭한다. 법률과 제도의 테두리에서 규정하는 매니지먼트업은 2015년 개정된 대중문화예술산업발전법에 따라 대중문화예술기획업에 속한다. 이는 '대중문화 예술인의 대중문화 예술 용역을 제공 또는 알선하거나 이를 위하여 대중문화 예술인에 대한 훈련·지도·상담 등을 하는 영업'을 말하며, 연예 기획사, 연예 기획, 연예인 대리, 매니저업, 매니지먼트, 캐스팅 디렉터, 엔터테인먼트, 모델 에이전시 등을 포괄한다.

1980년대 이전에 태동한 초기 매니지먼트업은 '매니저'라 불리는 기획사 직원이 연예인의 스케줄과 이동을 책임지거나 서류 작업과 잡일을 대신하는 형태로 출발했다. 바쁜 스케줄에 맞춰 차량을 운전하는 '로드 매니저'에서 시작해 업무 분야에 따라 제작, 캐스팅, 총괄, 수석, 팬 관리 등으로 세분화되었다. 기획사가 대형화되고 업무가 세분화되면서 매니저의 고용 형태나 위상도 달라졌다. 특히 매니저가 직접 기획사 대표가 되어 자본을 조달하면서 연예인을 영입하는 행태가 확산되었고, 이 과정에서 매니지먼트 기업도 대형화되기 시작했다.

2015년부터는 연예인을 관리하려면 콘텐츠진흥원을 통해 대중문화예술업 인증을 받아야 한다. 과거 이른바 '장자연 사건'을 전후해 매니저 자격증 시험이 생겨나기도 했지만 유야무야됐고 자격증이 의무 사항은 아니다. 현재는 회사가 콘텐츠진흥원의 인증을 받고, 매니저는 한

그림 3 | 대중문화예술기획업 등록증 발급 절차

대중문화예술기획업 등록증

1. 등록번호: 제   호

2. 성명(대표자):

3. 생년월일(또는 법인등록번호):

4. 상호(법인명):

5. 사무소 소재지:

「대중문화예술산업발전법」 제26조 제1항에 따라 위와 같이 대중문화예술기획업
등록을 하였음을 증명합니다.

                                                    년   월   일

특별시장·광역시장·특별자치 | 인 |
시장·도지사·특별자치도지사

국연예매니지먼트협회에 등록하고 교육을 받는 형태가 일반적이다.

매니지먼트 계약 형태는 사람과 회사의 역학 관계에 따라 다양하다. 특히 회사와 연예인이 수익을 나눠 갖는 배분 비율은 각자 협상력에 좌우되기도 한다. 신인 배우라면 배우와 회사의 수익 배분율이 5:5로 출발하는 경우가 많다. 하지만 유명 배우나 가수라면 배우와 회사가 7:3 혹은 9:1까지도 배분하며, 회사가 거액의 전속 계약금을 주고 영입한 뒤 차량과 임금, 임대료 등의 비용을 부담하기도 한다.
회사와 사람이 '계약'으로 움직이는 만큼 계약 조건은 매우 중요한 요소다. 2010년 세계를 휩쓴 K팝의 열풍 속에서 일부 아이돌 그룹을 둘러싼 이른바 '노예 계약' 논란과 분쟁이 확산되기도 했다. 공정거래위원회는 2013년부터 매니지먼트 계약의 불공정을 바로잡는다는 취지로 표준 계약서를 만들어 준용을 권하고 있다. 표준 계약서에 따르면 매니지먼트 계약은 기본적으로 매니지먼트 회사가 연예인의 활동과 계약에 관한 권리를 위탁 받아 사업을 진행하는 형태다. 원칙적으로 연예인은 회사가 아닌 제3자를 통해 연예 활동을 할 수 없는 구속력 강한 계약이라 할 수 있다.

회사와 사람 간 계약 형태로 매니지먼트 외에 에이전시Agency도 있다. 에이전시 계약은 매니지먼트에 비해 구속력이 약하다. 소속 연예인이

한 회사와 '전속 계약'을 맺고 독점적으로 사업하는 것이 아니라, 여러 에이전시를 활용할 가능성이 열려 있다. 예를 들어 배우가 광고 출연 계약을 할 때, 매니지먼트 계약하에서는 회사의 동의 없이는 불가능한 경우가 많고, 에이전시 계약하에서는 배우의 판단으로 가능하기도 하다.

에이전시 비즈니스 모델이 낯설다면 영화나 드라마에서 특수 임무를 맡은 배역으로 등장하는 '에이전트'를 연상하면 된다. 매니저가 매니지먼트 비즈니스를 한다면, 에이전트가 에이전시 일을 하는 형태다. 에이전트는 대리인, 중개상으로 번역되는데, 당사자를 대신해 업무나 계약, 협상 등을 대행할 권한을 부여 받은 사람을 말한다. 다만 매니저는 연예인과 전담 형태로 일하는 경우가 대부분이지만, 에이전트는 여러 연예인의 일을 병행할 수 있으며 연예인 역시 다른 에이전트를 둘 수도 있다. 가령 미국 메이저리그 박찬호 선수의 에이전트로 우리에게 잘 알려졌던 스콧 보라스를 떠올려 보자. 그는 메이저리거인 추신수, 류현진뿐 아니라 한국에서 야구 선수로 활동하는 더스틴 니퍼트와 나성범의 에이전트도 맡았다.

매니지먼트든 에이전시든 계약이 이뤄지면 모두 '소속 연예인'으로 표기하지만 두 계약의 개념은 출발부터 다르다. 계약 형태와 유래로 보자면 매니지먼트는 일본식, 에이전시는 미국식에 가깝다. 다만 한국의 매니지먼트 기업이 연예인과의 '계약'을 중심으로 움직인다면, 일본 매니지먼트 기업은 소속 연예인을 직원처럼 '고용'하는 형태가 일반적이다.

여전히 기업의 종신 고용 향수가 남아 있는 일본에서는 아무리 유명한 가수라도 소속사와 결별할 경우 팬들에게는 '충격적인 일'이 되곤 한다. 과거 일본 시장을 석권했던 SM엔터테인먼트의 동방신기는 멤버 다섯 명 중 절반 이상인 세 명이 회사와의 갈등으로 탈퇴했다. 하지만 나머지 두 명이 여전히 동방신기 이름으로 일본에서 인기리에 활동할 수 있었던 건 이 같은 일본 문화의 배경 덕분이었다.

반면 미국의 대형 엔터테인먼트 그룹인 CAA^{Creative Artists Agency}나 윌리엄 모리스 엔데버^{WME} 등은 대부분 에이전시 형태로 계약을 맺는다. 이

표 3 | 한미일의 매니지먼트와 에이전시 비교

	일본	한국	미국
유형	매니지먼트 위주	매니지먼트+에이전시	에이전시 위주
배우 구속력	강함	강함(매니지먼트)	약함
배우 선택권	약함	강함(에이전시)	강함
수익 배분 비율	소속사와 계약으로 변동성이 크지 않음	개별 계약 통해 선택, 신인 5:5, 스타 9:1까지 다양	회사는 10% 전후 수수료 수익 위주
특징	일종의 직원 개념으로, 잘 되도 크게 못 벌고 못 되도 안정적 수입 확보	스타가 될수록 수익 배분 협상력 커지고, 연습생, 소속, 대행 등 계약 형태 다양	다수의 에이전트가 계약 진행에 참여, 배우 선택권 강함

들은 정치인까지 포함할 정도로 사업 영역이 다양하며, 소속 연예인에게 특별한 구속력을 행사하는 경우가 거의 없다. 다만 캐스팅, 오디션, 광고 수주 등의 이벤트를 당사자에게 제시해 성사되면 10% 전후의 수수료를 가져간다. 회사가 소속 연예인에게 자동차와 사무실, 직원을 제공하거나 홍보, 마케팅 등을 지원하는 일도 극히 드물다. 이 때문에 업계에서는 에이전시 사업을 '10% 비즈니스'로 부르기도 한다.

반면 일본 매니지먼트 기업은 좀 더 강한 구속력을 지닌다. 소속 연예인은 좀처럼 계약을 파기하거나 떠나는 일이 없다. 다만 인기나 흥행에 따라 수익 변동성이 큰 연예인이라면 비용과 수익을 배분하는 데 있어 회사와 적극 협상하기도 한다.

한국은 어떨까. 엔터테인먼트 기업이 주식 시장에 상장된 경우가 많다 보니 주가 관리 차원에서라도 유명인에 대한 의존도가 높은 편이다. 계약 형태가 매니지먼트인지 에이전시인지, 또 배분율이 얼마인지 등이 기업 가치에 직접적인 영향을 미치지만 대부분 공개되지 않는다.

생각해 보자. 한 엔터테인먼트 상장사에서 배우 A를 3년간 30억 원의 계약금을 주고 영입했다. 배우와 회사의 수익 배분율이 8:2라고 가정하면 회사는 3년간 매출의 20%만으로 30억 원을 어떻게 만회하겠는가. 회사가 캐스팅을 성사시킨 영화의 출연료가 5억 원이라고 치면 그 가운데 회사 수익은 1억 원뿐이고, 편당 5억짜리 영화 배우가 3년간 영화 30편을 찍어야 회사는 투자한 돈을 회수할 수 있다. 모든 부대 비용을 회사에서 제공한다면 금전적 손실은 더욱 크다. 그러니 고위험 고수익의 형태로 계약이 이뤄지는 건 한국의 엔터테인먼트 기업이나 배우나 마찬가지다.

그러면 회사는 손실이 뻔한 일을 주가만 바라보고 진행할까? 그렇지는 않다. 초상, 성명 등의 퍼블리시티권 역시 원칙적으로 계약 기간 내에는 회사에 귀속된다. 소속 배우나 가수를 활용해 여러 새로운 비즈니스를 창조할 수 있고, 특히 방송, 광고, 통신, 미디어 등 다른 분야와 비즈니스를 할 때 스타의 소속 여부는 협상력을 높이는 주요 수단이 된다. 하지만 투자자 입장이라면 엔터테인먼트 상장사가 대형 연예인을 영입할 때 계약금과 계약 조건을 잘 따져 봐야 한다. 한국 배우가 미국의 대형 소속사와 계약하더라도 한국처럼 강력한 형태의 전속 계약이 아닌 경우도 많다. 중요한 건 계약 내용이며, 구속력과 조건에 따라 투자자에게는 '눈속임'이 될 수도 있다.

1인 기획사와 대형 기획사 사이의 줄타기

2018년 5월 가수 싸이가 YG엔터테인먼트와의 계약을 종료했다. 2001년 〈새〉라는 곡으로 예당엔터테인먼트를 통해 데뷔한 싸이는 〈챔피언〉, 〈연예인〉, 〈아버지〉, 〈낙원〉 등을 히트시키며 성장했다. YG엔

57

터테인먼트는 2011년 코스닥 상장을 앞두고 여러 연예인을 영입했고, 싸이는 그즈음인 2010년 YG엔터테인먼트와 5년 계약을 맺었다. 이후 2012년에 〈강남 스타일〉이 히트하며 글로벌 대스타로 떠올랐지만, 2015년 전속 계약금 없이 3년을 더 계약해 총 8년을 YG엔터테인먼트에 몸담았다. 하지만 활동이 주춤하던 싸이는 YG엔터테인먼트와 협상을 이어가지 못했고, 결국 1인 기획사 수준의 소규모 매니지먼트를 운영하는 것으로 알려지고 있다. YG엔터테인먼트는 "깊은 대화를 통해 새로운 도전을 갈망하는 싸이의 생각을 존중하기로 했다. YG엔터테인먼트와 싸이의 돈독한 관계는 전속 계약과 상관없이 영원할 것"이라고 발표했지만, 계약 조건에 대한 서로의 아쉬움이 엿보이는 대목이다.

유명 배우가 대형 기획사와 1인 기획사 사이를 오가기도 한다. 과거 대형 기획사인 웰메이드 등에 소속됐던 톱스타 현빈은 2016년 1인 기획사를 설립했다. 반면 꾸준히 개인 매니저와 함께 일해 오던 강동원은 2016년 YG엔터테인먼트와 전속 계약을 맺었다. 2018년 9월에는 정우성, 이정재와 함께 아티스트컴퍼니란 회사에 소속됐던 배우 하정우가 독립을 선언했다. 스타들은 왜 1인 기획사와 대형 기획사 사이를 오가는 걸까.

스타들이 1인 기획사를 선호하는 이유는 앞서 언급한 '비용' 문제와 '저작권' 문제에서 자유롭기 때문이다. 매니지먼트 계약은 원칙적으로 연예인으로부터 발생하는 상표권과 퍼블리시티권 등이 회사에 속한다. 공정거래위원회의 표준 계약서에 따르면, 회사는 계약 기간 중 연예인의 본명, 예명, 애칭 등 모든 성명, 사진, 초상, 필적, 기타 동일성 Identity을 나타내는 일체의 것을 이용할 수 있는 '퍼블리시티권'을 가지며, 상표나 디자인, 기타 유사한 지식 재산권을 개발하고 등록하거나 제3자에 라이선스 할 수 있는 '상표권'도 소유하게 된다. 또 계약 기간 중 회사가 연예인과 관련해 개발 제작한 콘텐츠는 회사에 귀속되며, 연예인의 실연實演이 포함된 콘텐츠 이용권도 회사가 갖는다. 자신의 상표권과 퍼블리시티권 등 연예 활동에서 발생하는 권리와 콘텐츠 저작권이 회사에 귀속되는 만큼 스타 연예인일수록 회사의 독단적이고 일방적인 권한 행사에 민감할 수밖에 없다.

하지만 인지도가 낮은 신인이나 자신의 활동 범위를 넓히고 싶은 연예인은 대형 기획사를 택하는 경우가 많다. 회사에 많은 수익을 배분하고 여러 저작권을 주더라도 기회가 많다면 대형 기획사를 택하는 게 유리하다는 판단이다. 아울러 법무, 세무, 홍보, 언론 대응, 리스크 관리 등에서도 대형 기획사의 네트워크와 노하우는 결정적인 영향력을 발휘할 수 있다.

이미 스타의 몸으로 YG엔터테인먼트라는 대형 기획사와 계약한 배우 강동원의 선택은 싸이의 사례처럼 미국 등 해외 시장으로의 진출을 염두에 둔 포석으로 풀이된다. 강동원은 2018년 미국 할리우드 영화 〈쓰

나미 LA〉의 주연으로 캐스팅됐고, 2018년 5월에는 홍보차 프랑스 칸 영화제에 초청 받기도 했다.

스타의 가치, 사람이 어떻게 숫자가 될까

엔터테인먼트 기업은 '흥행'을 먹고 산다고 한다. 영화나 드라마, 음악, 공연 등이 입소문을 타고 인기를 끌면 자연스레 지갑을 여는 사람도 늘어난다. 흥행은 소비로 연결되고, 그렇게 흘러간 돈은 엔터테인먼트 기업을 통해 창작자인 배우, 감독, 작가 등에게 돌아간다. 이처럼 일단 흥행이 된 뒤의 수익력은 대중의 소비량을 통해 측정이 가능하다. 하지만 아직 수익을 내지 않은 엔터테인먼트 기업의 잠재적 수익력은 어떻게 측정할 수 있을까.

흔히 유명 배우나 폭발적 인기를 끄는 아이돌 가수 등을 '걸어 다니는 현금 지급기'로 묘사한다. 그렇다면 그들과 계약을 맺은 기업은 수익이 현실화되기 전에도 가치를 인정받을 수 있을까. 다시 말하면 엔터테인먼트 기업이 소유한 '걸어 다니는 현금 지급기'는 걸어 다니기 전에도 가치가 있는 자산일까.

연예인의 가치 산정을 전속 계약금의 사례로 살펴보자.

필자가 엔터테인먼트 기업에 재직하던 시절의 일이다. 개그맨 출신

MC인 J는 2015년 소속사와 계약이 끝나고 자유 계약 신분이 되자, 연간 전속 계약금 8억 원을 요구하면서 본인과 회사의 수익 배분율을 8:2로 해 줄 것을 제안했다. 1년 기준으로 자신의 몸값은 8억 원, 회사와의 협상력이 80%에 달한다는 의미였다. J는 2014년 매출을 기준으로 2015년에 더 활발히 활동하면 회사에도 충분히 득이 될 거라고 주장했다. 회사는 J를 통해 거둘 수 있는 효과와 비용을 계산했다. J가 가세하면 회사의 이미지와 협상력은 높아지겠지만 그렇다고 8억 원의 전속 계약금, 즉 '몸값'을 감당할 수 있을까. 회사는 결국 J의 제안이 과도하다며 계약을 거부했다. 계약금 8억 원을 회수하려면 연간 최소 40억 원의 매출을 올려야 하고 이를 위해 4억 원짜리 광고를 10편은 찍어야 하는데, J의 평판이나 이미지로 볼 때 불가능하다고 판단했기 때문이다.

연예인의 가치를 이렇게 평가한다면 엔터테인먼트 기업의 가치는 어떻게 평가할까. 결국 엔터테인먼트 기업의 가치 역시 소속 연예인의 인기와 작품 흥행으로 '수익력'을 평가해 가격으로 산정한다. 기업 가치 산정에는 일반적으로 최근 실적을 토대로 현금 흐름 할인*Discounted Cash Flow, DCF* 방식과 배수*Multiple* 방식을 활용한다. 하지만 엔터테인먼트 기업은 기존 실적이 부진해도 급성장하는 경우가 많기 때문에, 향후 수익력만을 토대로 하는 미래 가치*Future Value* 방식도 종종 활용된다.

엔터테인먼트 기업의 실적이 콘텐츠나 연예인의 수익력, 인기와 흥행에 기초하기 때문에 기업 가치 역시 불확실성이 크다. 작가나 배우, 가수 등이 얼마나 어떻게 수익을 낼지 추정이 어려운 만큼 엔터테인먼트 기업의 가치를 추정할 때도 변동성이 높을 수밖에 없다. 아무리 사업 포트폴리오를 잘 짠다 해도 투하 자본의 효율성을 숫자로 분석하고 예측할 수 있는 제조업이나 IT 업종에 비해서는 가치 평가가 들쭉날쭉한 숙명을 타고났다고 할 수 있다.

실제 엔터테인먼트 상장 기업의 주가는 다른 업종의 기업 수익력에 비해 높게 형성되는 특징이 있다. 평소 거래되는 엔터테인먼트 업종의 주가 수익 배율*Price Earning Ratio, PER*은 35배 전후로, 코스피 평균을 10배 전후로 크게 웃도는 게 일반적이다. 2018년 6월 6일 현재 증권가에서 추정한 올해 순이익을 기준으로 보면 SM엔터테인먼트의 주가 수익 배율은 25.8배, YG엔터테인먼트는 30.7배, JYP엔터테인먼트는 29.2배에 거래되고 있다. 시장 평균인 10배보다 3.5배나 높게 형성된 걸 보면 '엔터테인먼트 주가에 거품이 끼었다'는 말은 분명 근거가 있다. 주가를 높이고 싶은 다른 업종의 기업들이 엔터테인먼트 기업을 인수하거나 사업에 뛰어드는 건 어찌 보면 이런 거품 때문이기도 하다.

그렇다면 기업 장부에 스타의 가치는 어떤 방식으로 존재할까.
엔터테인먼트 기업이 보유한 연예인과 수익력은 회계 장부상에서 '무형 자산'으로 분류된다. 눈에 보이지 않는 형체가 없는 자산이란 의미다. 여타 일반 기업이 보유한 기계, 장치, 설비, 부동산 등은 '유형 자산'이지만, 엔터테인먼트 기업의 자산은 대부분 유형이 아닌 무형으로 분류된다. 수백억 원 또는 수천억 원의 매출을 올리는 엔터테인먼트 기업이라 하더라도 유형 자산은 연예인이 타고 다니는 차량이니 회사 컴퓨터, 비품, 사무 집기에 불과한 경우도 많다.

배우가 무형 자산이라면 그 가치는 어떻게 평가할까. 더 잘생긴 배우는 돈을 더 많이 버는 더 큰 자산일까? 영화나 드라마를 제작하는 기업이라면 어떨까. 회사에 소속된 작가나 배우가 더 유명하고 검증된 사람

🔗 **그림 5 ｜ 기획 3사 무형 자산 비중 추이**

(단위: %)

※ 비중은 자산 총계에서 무형 자산이 차지하는 비율 / 출처_「서울경제신문」

63

이라면 자산을 더 높게 평가 받을까? SM엔터테인먼트, YG엔터테인먼트, JYP엔터테인먼트, 빅히트엔터테인먼트 등 이미 글로벌화된 회사와 엑소, 빅뱅, 트와이스, 방탄소년단 등의 브랜드 가치는 회사 장부에 포함돼 있을까? 그도 아니라면 도대체 뭘 보고 엔터테인먼트 기업의 가치를 평가해야 할까?

먼저 브랜드 가치의 예로 코카콜라를 보자. 코카콜라는 회사 설립 후 어마어마한 브랜드 자산을 구축했지만 회사 재무제표에 코카콜라 상표의 브랜드 가치는 숫자로 표시돼 있지 않다. 코카콜라가 다른 기업에 팔렸다면 그때 인정받은 가격이 재무제표에 남아 있겠지만 코카콜라 상표와 기업은 매매된 적이 없다.

같은 원리로 엔터테인먼트 기업에서 직접 발굴해 스타가 된 경우에는 아무리 수익력이 높아도 기업 장부에 남아 있지 않다. 다시 말해 SM엔터테인먼트나 엑소의 브랜드 가치를 회사 자산으로 담을 수는 없다는 얘기다. 다만 외부에서 기업을 인수하거나 해당 연예인을 영입할 경우 기업에 지급한 영업권이나 연예인에게 지급된 전속 계약금은 무형 자산으로 분류된다. 실제 장부에 있는 무형 자산은 계약금 형태로 회사가 지급한 금액이 대부분이다. 드라마나 영화 작가, 감독 등이 소속된 경우에도 그 작가나 감독에게 실제로 주어진 계약금만을 무형 자산으로 계상할 수 있다.

한 가지 주의할 점은 무형 자산으로 분류된 영업권과 전속 계약금 중 영업권은 매년 가치를 재평가하고, 사람에게 지급된 전속 계약금은 유형 자산과 마찬가지로 감가상각을 한다는 것이다. 가령 한 기업이 배우에게 비싼 몸값을 주거나 다른 엔터테인먼트 회사를 비싸게 산 뒤 배우나 소속 연예인 활동이 미흡하다면 큰 손실을 볼 수도 있으니 투자자 입장에서는 주의해야 한다. '싼 건 비지떡이요, 비싼 건 애물단지'라는 말이 엔터테인먼트 업종에 딱 들어맞을 수 있다.

사람에 대한 투자가 자산이 되려면

엔터테인먼트 기업의 가치를 소속 연예인과 작품 흥행에 기초해 산정한다면 기업 가치를 높이기 위한 투자는 불가피하다. 그렇다면 소속 연예인의 기량을 향상시키고 외모를 관리하는 데 들이는 돈은 비용일까 자산일까?

유명 걸 그룹 A의 멤버들이 해외 시장 공략을 위해 학원에서 일본어와 중국어를 배운다고 가정하자. 학원비를 소속사가 냈다면 이 돈은 기업의 자산이 될 수 있을까? 또 더 예뻐져서 더 많은 인기를 끌기 위해 피부 미용과 경락 시술을 받았는데 그 돈을 회사가 지불했다면 이 금액은 회사 수익으로 이어지는 무형 자산으로 인정받을 수 있을까?

엔터테인먼트 기업도 제조업과 마찬가지로 연구 개발[R&D]과 교육 훈련을 수행한다. 음악 제작, 작곡, 춤, 노래, 안무 기획 등 가수나 제작자가 하는 중장기적인 준비와 노력은 물론이고, 콘텐츠 기획, 시나리오 개발 등 작가가 작품을 준비하는 것도 모두 R&D로 볼 수 있다. 2014년 공정거래위원회 표준 계약서에서도 엔터테인먼트 기업은 배우나 가수의 연예 활동 범위 내에서 필요한 능력의 습득 및 향상을 위한 교육(훈련)에 소요되는 제반 비용을 원칙적으로 부담하도록 명시하고 있다.

하지만 지난 2000년 SM엔터테인먼트가 한국 기업 최초로 코스닥 시장에 상장(당시 등록)할 무렵에도 자산의 회계 인식은 논란거리였다. 당시에는 R&D 비용 중 일부가 개발비 명목의 무형 자산으로 인정받았다고 알려졌지만, 이후 엔터테인먼트 기업의 R&D 비용을 무형 자산으로 인정받는 일은 극히 드물고 어려워졌다. 꽤나 까다로운 요건들을 충족해야 하기 때문이다. 국제회계기준[IFRS]은 R&D 비용을 무형 자산으로 인정하기 위해 다음의 여섯 가지 조건을 제시하고 있다.

다음 사항을 모두 제시할 수 있는 경우에만 개발 활동(또는 내부 프로젝트의 개발 단계)에서 발생한 무형 자산을 인식한다.

(1) 무형 자산을 사용하거나 판매하기 위해 그 자산을 완성할 수 있는 기술적 실현 가능성

(2) 무형 자산을 완성하여 사용하거나 판매하려는 기업의 의도

(3) 무형 자산을 사용하거나 판매할 수 있는 기업의 능력

(4) 무형 자산이 미래 경제적 효익을 창출하는 방법. 그 중에서도 특히 무형 자산의 산출물이나 무형 자산 자체를 거래하는 시장이 존재함을 제시할 수 있거나 또는 무형 자산을 내부적으로 사용할 것이라면 그 유용성을 제시할 수 있다.

(5) 무형 자산의 개발을 완료하고 그것을 판매하거나 사용하는 데 필요한 기술적, 재성적 자원 등의 입수 가능성

(6) 개발 과정에서 발생한 무형 자산 관련 지출을 신뢰성 있게 측정할 수 있는 기업의 능력

개발 활동의 예는 다음과 같다.

(1) 생산이나 사용 전의 시제품과 모형을 설계, 제작, 시험하는 활동

(2) 새로운 기술과 관련된 공구, 지그, 주형, 금형 등을 설계하는 활동

(3) 상업적 생산 목적으로 실현 가능한 경제적 규모가 아닌 시험 공장을 설계, 건설, 가동하는 활동

(4) 신규 또는 개선된 재료, 장치, 제품, 공정, 시스템이나 용역에 대하여 최종적으로 선정된 안을 설계, 제작, 시험하는 활동

R&D 비용은 연구비와 개발비로 구분된다. 연구비는 회계적으로 연구 단계에 지급되는 비용, 즉 엔터테인먼트 기업이 시장 조사 등의 연구 활동을 하는 데 사용한 금액으로 당기 비용으로 인식된다. 개발비는 당기 비용으로 인식되는 '경상 개발비'와 무형 자산 성격의 '개발비'로 나뉜다. 이 가운데 무형 자산의 정의와 인식 요건을 충족하는 개발비는 무형 자산으로 인식되어 연수에 따라 매년 상각한다. 실제로 배우나 가

수, 작가에게 지급한 계약금은 논란의 여지없이 무형 자산에 해당하지만 다른 자산과 마찬가지로 수년에 걸쳐 비용처럼 상각된다.

예를 들어 엔터테인먼트 기업에서 유명 연예인을 영입하면서 전속 계약금으로 30억 원을 줬다면 그 계약금은 기업 장부에 무형 자산으로 기록된다. 이 계약금은 5년 전후로 매년 정액 또는 기타 방식으로 상각되기 때문에 매년 6억 원가량의 손실이 발생할 수밖에 없다.

사실 R&D 비용이 첨예한 논쟁이 되는 대표적인 업종은 바이오다. 과거 상장된 제약 기업은 대부분 R&D 비용을 당기 비용으로 계상하지만, 신흥 바이오 기업은 개발비를 무형 자산으로 잡아 놓는 경우가 많았다. 2018년 초부터 금융감독원이 바이오 기업의 R&D 비용에 대해 테마 감리를 펼치겠다고 예고한 것도 비용의 자산화를 문제 삼은 것이었다.

엔터테인먼트 기업이 R&D 비용을 회계로 인식하는 기준 역시 손익과 직결되는 매우 민감한 문제다. 가령 유명 아이돌 그룹의 앨범 준비와 공연 준비에 10억 원이 소요됐다고 치자. 이 비용이 연구비나 경상 개발비라면 올해 전액 비용으로 인식되어 영업 이익에서 차감되지만, 장기 개발비로 처리된다면 10억 원은 비용이 아닌 무형 자산이 되어 영업 이익에 영향을 주지 않으며 향후 관련 매출을 거둘 때 매출 원가로 인식된다.

앞서 언급한 대로 엔터테인먼트 업종은 수익 대비 주가 평가 수준이 높은 편이다. 흥행 잠재력과 수익력의 업사이드가 여타 기업보다 높다고 보기 때문이다. 2018년 증권가 추정 실적을 기준으로 한 SM엔터테인먼트의 주가 수익 배율은 25.8배지만, 2017년을 기준으로 하면 174배에 달한다. 지난해 순이익의 174배의 기업 가치로 거래된다는 얘기다. 이처럼 엔터테인먼트 기업은 다른 상장 기업에 비해 주가 수익 배율이 높기 때문에, 즉 장부상의 손익 숫자가 주가에 미치는 레버리지 효과(지렛대 효과)가 더 높기 때문에 당해 연도의 손익에 민감할 수밖에 없다. 하지만 앞서 이야기한 것처럼 국제회계기준의 요건을 충족하기가 까다로워져 엔터테인먼트 기업들이 R&D 비용을 무형 자산으로 인정받는 사례는 크게 줄고 있다.

표 4 | SM엔터테인먼트 실적 추정 (단위: 십억 원)

	17	18F	19F	1Q17	2Q17	3Q17	4Q17	1Q18	2Q18F	3Q18F	4Q18F
매출액	365	522	571	68	68	87	143	111	122	137	154
SME	216	268	285	41	41	61	74	59	56	80	74
SM Japan	59	80	72	13	12	12	22	26	5	19	21
SM C&C	89	201	244	15	11	10	52	38	58	45	61
DREAMMAKER	42	43	50	6	16	8	13	7	10	14	12
영업 이익	11	49	56	1.2	1.4	4.6	3.7	10.4	11.5	17.7	9.8
영업 이익률	3.0%	9.4%	9.8%	1.8%	2.0%	5.3%	2.6%	9.4%	9.5%	12.8%	6.4%
당기 순이익	(5)	31	36	(8)	4	13	(13)	11	7	11	5

출처_SM엔터테인먼트, 하나금융투자

엔터테인먼트 기업 입장에서는 소속 연예인에게 드는 미용 관리, 훈련, 외국어 공부 등의 비용이 자사 경쟁력으로 축적될 수 있는 만큼 장기적인 R&D 투자와 맥을 같이한다고 볼 수 있다. 하지만 '사 온 스타'가 아니라 회사가 '키운 스타'를 "우리 회사가 만든 자산입니다"라며 장부에 올려놓기는 점점 쉽지 않은 일이 되고 있다.

누가 진짜 대빵이니? 엔터테인먼트 기업의 지배 구조

"너 아무개 이사 아니?"

엔터테인먼트 업계에 몸담고 있을 때 이런 질문을 참 많이 받았다. 비교적 규모가 크고 역사가 오래된 IHQ(싸이더스HQ)에 있었기 때문이겠지만, 다른 엔터테인먼트 기업에 있었더라도 사정은 비슷했을 것이다. 실제로 이사들의 숫자나 연령대를 보면, 엔터테인먼트 기업에서 '이사' 직함을 부여하는 일은 다른 업종에 비해 후한 편이다. 일반적으로 일컫는 이사는 기업 이사회를 구성하는 등기 이사지만, 엔터테인먼트 기업에서는 이사회에 참여하지 않으면서 회사 서열상 혹은 직무상 이사 직함을 활용하는 경우가 많다. 필자 역시 사내에서는 이사 직함을 달고 경영전략실장으로서 대외적인 공시 책임 업무를 맡았지만 등기 이사에는 등재되지 않은 이른바 집행 임원이었다. 대신 계열사인 벤처캐피털에는 등기 이사로 참여했다.

이사뿐만 아니라 엔터테인먼트 기업에는 대표도 많다. 매니저나 프로듀서가 대표나 이사 직함을 쓰기도 한다. 다른 업종에 비해 엔터테인먼트 기업에 이사나 대표가 많은 까닭은 뭘까.

장시간 고민 끝에 떠오른 그럴 듯한 이유로, 다른 업종에 비해 '대외 활동'이 많기 때문이라는 점을 들 수 있다. 직원 상당수가 사내에서 활동하기보다는 외부로 나가 회사, 배우, 가수, 작품을 대표해서 직접 영업을 하고 협상하고 계약한다. 이런 업종일수록 고위직을 부여하는 데 관대하고, 이는 협상력을 높여 성과를 끌어올리는 데 유리하게 작용하기도 한다.

엔터테인먼트 업종에 대표와 이사가 많은 현상은 엔터테인먼트 기업과 다른 업종이 결합하면서 더욱 확산됐다. 창업자 중심으로 운영되던 엔터테인먼트 기업이 사업 영역을 다각화하면서, 기존 사업자가 새로운 성장 산업인 엔터테인먼트로 뛰어드는 일도 많아졌다. 미디어, 방송, 통신, 유통, 광고, 제작 등 다양한 사업 영역이 기업 인수와 합병M&A을 통해 엔터테인먼트와 결합하면서 기업의 임원진 수가 확대됐고, 새로운 사업에 진출하기 위해 기존 사업 진영에 있던 전문가를 임원 또는 부문 대표로 영입하는 사례도 부쩍 늘어났다. 특히 2010년 이후로 과거 음악, 영화, 게임, 매니지먼트 등을 단독으로 영위하던 엔터테인먼트 기업이 E&M 형태로 융복합하는 현상이 활발해지면서 기업 조직

71

을 이끄는 경영진들도 다양한 분야에서 결합했다. 이처럼 엔터테인먼트 기업의 규모와 사업 범위가 빠르게 변하고 확대되면서, 대표이사, 본부장, 이사, 대표, 사장, 회장 등 기업의 의사 결정에 참여하는 인원 규모도 확대된 것이다.

이런 움직임은 엔터테인먼트 기업의 소유 구조와 지배 구조에도 큰 변화를 가져왔다. 각 기업은 소유 구조에 따라 회장, 의장, 각자 대표, 공동 대표, 부문 대표, 총괄 사장 등 다양한 지배 구조로 운영되고 있다. 일반적으로 엔터테인먼트 기업의 소유와 경영이 일치하는 경우에는 조직의 리더십이 강력하고 의사 결정이 신속하지만, 다른 주주들의 이해관계가 배제될 리스크가 높다. 소유와 경영이 분리된 경우라면 경영 효율성은 강조되지만, 전문 경영인이 단기 성과 위주의 '보여주기식' 경영에 치중해 중장기 성장성을 해치고 직원들을 희생시킬 우려도 있다.

그렇다면 넘쳐나는 수장 가운데 실질적인 최고 의사 결정권자, 즉 '대빵'은 과연 누굴까.

오너를 떠올렸다면 틀렸다. 일반적으로 지분이 가장 많은 최대 주주를 오너라 부르는데, 이는 상장 기업에는 어울리지 않는 용어다. 물론 회사 지분을 100% 소유하고 있다면 오너로 불릴 수도 있겠지만 대다수 기업은 지분이 대주주와 주요 주주, 소액 주주 등으로 분산돼 있다. 실제로 다른 나라의 상장 기업 총수나 대주주를 오너로 부르는 사례는 찾아볼 수 없으며, 대주주 지분이 절대적인 소규모 기업에나 남아 있는 말이다.

일반적인 기업 생태계에서 CEO는 기업과 동일한 개념으로 인식되며, 최고 경영자는 CEO나 대표이사로 분류된다. 하지만 한국 엔터테인먼트 기업은 다르다.

엔터테인먼트 기업의 실질적인 대빵은 대표이사일 수도 있고, 사장일 수도 있으며, 회장이 최고 의사 결정권자일 수도 있다. 경우에 따라 전문 경영인이나 이사회 의장을 따로 두기도 한다. 결론적으로 한국은 법적 최고 의사 결정권자와 실질적 최고 의사 결정권자가 일치하지 않는 경우가 많다. 그리고 엔터테인먼트 기업에서 그런 사례는 더욱 흔하다.

예를 들어 현재 SM엔터테인먼트의 대주주이자 창업자인 이수만은 2010년부터 등기 이사에서 탈퇴했고, 전문 경영인 김영민이 2005년부터 2017년 3월까지 12년간 대표이사를 맡아 왔다. 이수만은 '회장'으로 불리기도 하지만, 부르는 사람의 입장과 편의에 따라 '대표 프로듀서', '총괄 프로듀서' 등으로 다양하게 불린다. 2017년 현재 SM엔터테인먼트의 공식 대표이사는 한세민과 남소영 공동 체제며, 자회사인 SM C&C는 이훈희와 김동준이 공동 대표를 맡고 있다. 현재 김영민 SM엔터테인먼트 전 대표는 SM그룹의 총괄 사장이자 이사회 의장이며, 2018년 인수한 FNC애드컬쳐(이후 SM라이프디자인그룹)과 키이스트의 대표이사도 맡고 있다.

YG엔터테인먼트의 대주주이자 창업자인 양현석도 상장 이후 등기 이사에서 탈퇴하였으며, 친동생인 양민석 대표가 YG엔터테인먼트의 전신인 양군기획 시절부터 대표이사직을 유지하고 있다. 양현석은 '대표 프로듀서'라는 직함을 쓴다.

JYP엔터테인먼트의 대주주이자 창업자 박진영은 등기 이사에 등재돼 있으며, '대표 프로듀서'로 불린다. 대표이사는 설립 초기부터 친구인 전문 경영인 정욱이 맡고 있다.

키이스트의 대주주인 배우 배용준은 회사를 인수한 뒤 9년 동안 등기 이사에서 빠져 있다가 2015년 등기 이사로 참여했다. 2018년 초까지 키이스트는 회계사 출신 신필순 대표와 매니저 출신 배성웅 대표가 각자 대표를 맡는 형태로 운영됐다. 이후 2018년 3월 SM엔터테인먼트에 인수된 뒤 김영민 총괄 대표와 신필순 대표가 공동 대표를 맡고 있다.

대기업도 예외는 아니다. 국내 최대 엔터테인먼트 기업인 CJ E&M은 2011년부터 김성수 대표이사가 상장사 대표를 맡고, 미디어 콘텐츠, 영화, 음악, 컨벤션, 공연, 애니메이션, 미디어 솔루션 등 개별 부문 대표를 두고 운영해 왔다. 부문 대표, 사업 본부장, 총괄 임원 등의 형태로 각 부문에서 최고 의사 결정을 내리는 대표 또는 임원진은 따로 있는 형태다. CJ E&M은 2018년 다시 CJ오쇼핑과 합병하면서 CJ그룹의 총괄 부사장이 신임 대표로 선임됐다.

영화 기업은 독립 영화사 대부분이 창업자이자 대주주가 직접 경영하지만, 규모가 커지면서 전문 경영인을 두는 추세다. 그러나 전문 경영인 대부분이 친인척이나 지인으로 선임돼 경영의 독립성 여부가 모호한 사례가 많다. CJ, 롯데, 오리온 등 대기업 계열 영화사는 대부분 전문 경영인을 대표이사로 두고 있지만, 그룹 출신 임원이거나 외부 전문 경영인인 경우가 일관성을 찾을 수 없을 정도로 다양하게 분포돼 있다.

이처럼 엔터테인먼트 기업의 지배 구조와 대표이사 형태가 다양한 만큼, 기업의 최고 경영자 또는 최고 의사 결정권자를 법적으로 명확히 하기는 어려운 측면이 있다. 이사회의 경우라면 의장이 소집하고 이사들이 모여 의사 결정을 내린다. 하지만 사업적으로 부문 대표끼리 이해관계가 충돌하는 구조에서는 이를 조정하고 최종 의사 결정을 내리는 '대빵'이 따로 존재할 수 있다. 예를 들어 매니지먼트 사업 부문에서 자사의 소속 배우를 자사가 제작하는 드라마에 출연시킬지 말지를 결정하는 것은 해당 임원이 아니라 대빵의 몫일 수 있다. 한국 기업의 정서상 넘겨짚건대, 이 같은 의사 결정은 주로 창업자나 최대 주주가 내린다. 전문 경영인은 법적으로는 최고 의사 결정권자지만 대주주나 창업자가 임기를 두고 선임한 경우가 대부분이기 때문이다. 더욱이 곤란하고 애매한 상황에서 자신을 선임한 사람을 무시하고 '내가 법적 최고 책임자'라며 최고 의사 결정권을 행사하는 전문 경영인은 만나거나 들어 본 적이 없다.

창업자나 대주주가 등기 이사에서 물러나 실질적 지배력을 행사하는 행태는 국내 재벌 기업에서 유래를 찾을 수 있다. 과거 재벌 기업의 총수 일가가 등기 이사에 이름을 올리지 않은 이유로 '책임 회피'와 '보수 비공개' 논란이 종종 일었다. 뒤에서 권한은 행사하면서 책임을 지지 않으려 한다는 따가운 눈총은 국내 주식 시장이 활성화된 뒤로 끊임없이 계속돼 왔다. 실제로 등기 이사는 기업의 채무나 법적 분쟁에서 가장 강력한 책임을 지기 때문이다. 경제개혁연구소가 지난 2016년 상장사의 임원 보수 공시를 분석한 결과, 대기업 집단 총수 일가 임원의 평균 보수는 17억1,700만 원으로 전문 경영인보다 평균 7억 원 정도를 더 받았다. 공정거래위원회에 따르면 21개 대기업 집단에서 총수 일가가 이사로 등재된 회사 수는 2015년 21.7%에서 2016년 17.8%로 4% 포인트 가까이 줄었다.

엔터테인먼트 기업의 창업자나 대주주도 재벌 총수의 이런 전례를 따라가려는 건 아닐까. 국내에 상장된 엔터테인먼트 기업 수가 꾸준히 증가하는 가운데, 글로벌 스탠다드를 지향하는 한국 엔터테인먼트 기업의 행태를 지켜볼 일이다.

🔗 표 5 | SM엔터테인먼트 임원 현황

이름	성별	출생년	구분			역할
김영민	남	1970년생	이사회 의장	등기 임원	상근	- 이사회 의장, CSO - SM엔터테인먼트 그룹 총괄 사장
한세민	남	1973년생	공동 대표이사			- 공동 대표이사, CEO - Business Management & Marketing Unit 장
남소영	여	1967년생	공동 대표이사			- 공동 대표이사, CMO - Producing & Management Unit 장
박준영	남	1971년생	사내 이사			어뮤즈먼트 총괄
탁영준	남	1978년생				가수 매니지먼트 총괄
민희진	여	1979년생				아트디렉트 총괄
이성수	남	1979년생				음악 제작 총괄
김은아	여	1976년생	비등기 이사	미등기 임원		미디어 기획 총괄
안수욱	남	1974년생				대외 제휴 총괄
남궁철	남	1974년생				경영 기획 지원 총괄
남경수	여	1969년생				연기자 매니지먼트 총괄
채희만	남	1953년생	사외 이사	등기 임원	비상근	경영 자문
조수현	남	1953년생				경영 자문
지창훈	남	1953년생				경영 자문
이강복	남	1952년생	감사		상근	감사
안칠현	남	1979년생	비등기 이사	미등기 임원	비상근	Creative Director
권보아	여	1986년생				Creative Director
유남용	남	1970년생				Music & Sound Supervisor

출처_2017년 사업 보고서

표 6 | YG엔터테인먼트 임원 현황

이름	성별	출생년	구분			역할
양민석	남	1973년생	대표이사	등기 임원	상근	대표이사
황보경	여	1970년생	사내 이사			경영지원
최성준	남	1970년생				사업 기획
유해민	남	1982년생				사업 개발
RO SEAN KIM	남	1972년생				대외 협력
박상훈	남	1961년생	사외 이사		비상근	사외 이사
이호상	남	1971년생				사외 이사
ANDREW YUE WU	남	1956년생				사외 이사
TANG XIAOMING	남	1974년생				사외 이사
배호성	남	1972년생	감사			감사

출처_2017년 사업 보고서

표 7 | JYP엔터테인먼트 임원 현황

이름	성별	출생년	구분			역할
정욱	남	1971년생	대표이사	등기 임원	상근	CEO
변상봉	남	1967년생	부사장			CFO
박진영	남	1972년생	사내 이사			CCO
표종록	남	1971년생	부사장			CPO
조해성	남	1972년생	부사장			CMO
이계천	남	1971년생	사외 이사		비상근	경영 이사 업무 집행 감독
이영진	남	1966년생	사외 이사			
김종완	남	1968년생	감사	미등기 임원		감사

출처_2017년 사업 보고서

연예인과 매니저는 근로자일까 사업자일까

엔터테인먼트 기업에 소속된 연예인의 지위와 신분은 무얼까? 근로자일까, 사업자일까? 그리고 연예인과 동고동락하는 매니저는 어떻게 될까?

결론부터 말하면 우리나라에서 연예인은 대부분 근로자가 아닌 개인 사업자다. 때문에 계약 형태도 '근로 계약'이 아닌 '전속 계약'을 맺는다. SM엔터테인먼트의 강타나 보아, YG엔터테인먼트의 지누, 션 등 일부 연예인이 회사 임원으로 근무하지만 대다수 연예인은 개인 사업자로 소속사와 전속 계약을 맺을 뿐이다. 근로 기준법 제2조에 따르면 근로자는 '직업의 종류와 관계없이 임금을 목적으로 사업이나 사업장에 근로를 제공하는 자'를 말한다. 사업장에 계속 근무하는 근로자뿐 아니라 그때그때 필요에 따라 일하는 일용 근로자도 포함된다. 이 기준처럼 매일 소속사에 출근하는 연예인도 있지만 대개는 월급을 받는 고용 관계가 아니라 수익을 나눠 갖는 계약 관계이므로 근로자라고 할 수는 없다. 대신 연예인과 많은 시간을 함께하는 매니저는 회사에 소속된 근로자인 경우가 많다. 매니저는 소속사가 대부분 직원으로 직접 채용하기 때문이다. 일부 프리랜서나 파견 근로를 계약한 매니저도 있을 수 있지만 거의 드물다.

따라서 2018년 7월부터 적용되는 52시간 근로제를 놓고 보면 연예인은 아니어도 매니저는 해당 가능성이 높다. 물론 그 소속사가 상시 근로자 5인 이상일 경우의 이야기다. 2018년 7월 1일 300인 이상 사업장을 시작으로 50~300인 사업장은 2020년 1월 1일부터, 5~50인 미만 사업장은 2021년 7월 1일부터 근로 기준법 개정안을 반드시 따라야 한다. 법을 어기면 2년 이하 징역, 2천만 원 이하의 벌금이 적용된다.

연예인이 영화나 광고에 출연할 경우에도 근로자가 아닐 가능성이 높다. 일반적으로 연예인이 영화나 광고 촬영을 계약할 때 갑, 을, 병 삼자 계약이 이뤄진다. 제작사와 연예인이 소속된 매니지먼트사 그리고 연예인이 계약하는 방식인데, 일반적으로 고용주인 제작사가 갑이고 매니지먼트사가 을, 연예인이 병의 형태가 된다. 이런 방식으로 계약하면 '병'에 해당하는 배우는 상시 근로자가 아닌 것으로 분류된다고 한다. 소속사가 없는 단역이나 조연 배우도 일반적으로 보조 출연자 업체를 통해 파견되므로, 상시 근로자가 아니라 파견 근로자에 해당한다.

하지만 소속사와 근로 계약을 맺은 매니저는 근로자로 분류돼 배우와 일정이 엇갈릴 수 있다. 배우가 현장에서 늦게까지 촬영을 하고 있어도 매니저와 스태프는 퇴근하는 일이 생길 수도 있다는 얘기다. 이미 영화 제작 현장에서는 배우 한 팀에 스태프는 두 팀으로 나눠서 운용하기도 한다. 혼란을 덜기 위해 근로 기준법에서 탄력 근로제를 규정하고 있지만 회사 입장에서는 적용하기 쉽지 않다. 탄력 근로제는 하루 8시간 근로를 기본으로 하되 이를 2주 평균 또는 사용자와 근로자가 합의하면 3개월 평균으로 산정해 주는 제도다. 하지만 사용자와 근로자가 합의를 하더라도 3년 안에 근로자가 변심하면 처벌 대상이 될 수 있다. 아무리 좋은 제도라도 함정은 있기 마련이다. 매지니먼트 기업 입장에서는 이 같은 한계 때문에 매니저 고용 형태를 비정규 계약직이나 프리랜서로 전환할 가능성이 높아 보인다. 스타 입장에서는 매니저와의 복잡한 근로 계약을 피하기 위해서라도 5인 미만 사업자의 '1인 기획사'를 선호할 가능성도 배제할 수 없다.

이쯤에서 한번 짚고 넘어가자. 연예인의 의무와 책임 범위를 논할 때 '공인'을 거론한다. 연예인은 정말 공인일까? 아니면 그저 유명한 개인일 뿐일까?

공인公人은 말 그대로 정치인이나 공직자처럼 국가나 사회와 관계된 공적 업무를 하는 사람이다. 국민의 세금을 받고 일하며 국민의 삶에 영향을 미칠 책임과 의무를 갖고 있으므로 도덕성과 청렴성이 요구되고, 문제를 일으키면 법적 처벌도 강하다.

공인은 '공직자'와 '공적 인물'로 구분하는데, 이 공적 인물에 연예인, 스포츠 스타 등 유명인이 포함된다는 견해가 있다. 우리나라 법원에서도 도박, 마약, 명예 훼손 등 일부 부정적 사건에 관한 판례에서 연예인을 공인으로 인정한 적이 있다. 2001년 서울지방법원이 신해철 관련 사건에서 "일반인에게 널리 알려진 유명 연예인으로서 상당한 인기를 누리고 있는 스타라고 할 것이므로 이른바 공적 인물"이라고 판결한 게 대표적인 예다.

판례대로 비록 연예인이 일으키는 부정적인 사건의 공적 영향력은 크다 하더라도 연예인이 법을 만들거나 집행하거나 세금을 주무르지는 않는다. '우리는 공인이 아니라 광대'라 주장하는 한 유명 가수의 말처럼 연예인들은 경제 활동을 하는 사업자다. 아무리 대중의 인기를 먹고산다 해도 정치인 수준의 도덕성과 사회적 책임을 요구하는 것은 과도한 측면이 있다.

대중의 인기를 먹고사는 직업 특성상 연예인은 잘못을 저지르면 남보다 더 욕먹는 신세를 면하기 어렵다. 우리나라 성인 중 증권가 찌라시, 연예계 찌라시 한 번 보지 않은 사람이 얼마나 될까. 연예인에게는 '카더라' 루머가 심심찮게 따라다니고 이는 엔터테인먼트 기업에 대한 오해와 불신으로 연결되기도 한다. '고 장자연 사건'처럼 일부 몰상식한 회사와 매니저가 연예인에게 비인간적인 행위를 강요하기도 했으니 일반인의 오해와 불신이 생기는 건 어찌 보면 당연한 결과다.

노예 계약, 불공정 계약 등의 문제가 생긴 뒤 공정거래위원회에서 마련한 표준 계약서에는 이렇게 규정하고 있다. '회사는 연예인의 연예 활동이나 연예 활동 준비 외에 사생활이나 인격권을 침해하거나 침해할 우려가 있는 행위를 요구해서는 안 된다. 연예인은 대중문화 예술인으로서 품위를 손상시키는 행위를 해서는 안 되며, 회사의 명예나 신용을 훼손하는 행위도 할 수 없다.' 윤리 문제에 있어서 회사와 연예인의 관계는 이 규정만큼이나 조심스럽고 느슨하게 형성돼 있는 경우가 대부분이다. 회사가 연예인의 일거수일투족을 직접 컨트롤하기가 쉽지 않다는 얘기다.

유독 연예인 윤리 문제는 실제보다 부풀려져 전달되는 측면도 배제할 수 없다. 찌라시 내용 중에는 사실인 것도 있지만 절반 이상은 가짜라고 봐야 한다. 필자는 엔터테인먼트 기업에 상당 기간 몸담으면서 이 세계가 밖에서 볼 때만큼 '이상하고 위험'하지는 않음을 체험했다. 연예인 자체보다는 오히려 연예인을 호가호위해서 말을 전달하고 다니는 사람들이 문제인 경우가 더 많았다.

엔터테인먼트 업계를 '카더라'식으로 단순하게 판단하기엔 한국 엔터테인먼트 생태계는 이미 너무 촘촘하고 복잡한 경쟁 구도에 들어섰다. 실제로 SNS로 일상을 속속들이 공개하는 방탄소년단 같은 아이돌을 보자. 과거에 '신비주의'로 성공했던 엔터테인먼트 전략은 이제 친근하고 솔직한 '소셜' 형태로 변화했다. 사생활을 기꺼이 드러내 놓는 솔직하고 거침없는 연예인들이 각광을 받는 것처럼, 음지에서 행해지던 연예인 문화도 달라지고 있는 것만은 분명해 보인다. 대중도 음주 운전, 열애, 추행, 루머 등을 쉬쉬하던 연예인에게는 등을 돌리지만, 신속하게 인정하고 사과하고 반성한 연예인에게는 재기의 기회를 준다.

엔터테인먼트가 산업화되고 엔터테인먼트 기업 간 경쟁이 치열해지면서 윤리와 투명성 역시 강화되고 있다. 회사 간, 연예인 간 경쟁 구도 속에서 견제를 받으면서 보다 투명하게 균형을 찾아가는 것이 한국 엔터테인먼트 업계의 바람직한 성장 모델이라 할 수 있다.

자투리 생각_회사와 연예인은 왜 싸울까?

'연기자 A는 전속 계약 분쟁으로 소속사를 탈퇴했다. A는 소속사 대표를 횡령 등 혐의로 고소했고, 소속사는 A를 무고 및 명예 훼손 혐의로 맞고소했다.' 연예계에서 수익 배분과 관련해 흔히 접하는 분쟁 기사다. 특히 매니지먼트 업종에서 자주 등장하곤 한다. 5:5든 8:2든 계약한 대로 정산하면 될 텐데 왜 이렇게 종종 시빗거리가 될까?

배분 대상이 되는 수익은 연예인의 연예 활동으로 발생한 총수입에서 회사가 부담한 직접비를 뺀 금액이다. 직접비로는 차량 유지비, 의식주 비용, 교통비, 광고 수수료, 기타 실비 등이 있다. 예를 들어 배우가 광고 모델로 발탁된다면 수수료를 제외한 광고비 전액이 회사로 들어오고, 회사는 직접비를 제외한 나머지 수익을 계약된 배분 비율에 따라 해당 배우에게 지급한다.

연예인과 회사의 분쟁은 대부분 이 비용을 산정하는 과정에서 발생한다. 특히 매출 기여도가 높은 유명 연예인이 활동이 부진한 연예인들과 같은 조직에 포함돼 있을 때 비용 문제는 더욱 불거지기도 한다. 돈 좀 버는 연예인에게 전체 기업이나 매니지먼트본부 또는 매니지먼트팀의 공통 비용을 부담하게 할 경우, 해당 연예인은 불만을 표현할 법도 하다. 반면 별다른 활동을 하지 않으면서 커피와 식사 비용까지 회사에 부담시키는 몰지각한 연예인도 있다.

해당 유명 연예인의 이름이 주가에 영향을 미치는 상장 엔터테인먼트 회사라면 울며 겨자 먹기로 연예인의 비용 요구를 들어줘야 한다. 공정거래위원회의 표준 계약서에는 아무리 유명한 연예인이라도 연예 활동과 무관한 비용을 회사에 부담시킬 수 없다고 명시돼 있긴 하지만 말이다. 다행히 매니지먼트 사업에 뛰어드는 기업이 많아지고 회사와 연예인 간 경쟁이 심화되면서 이 같은 쌍방의 모럴 해저드는 점차 잦아드는 추세다.

3.
영화와 드라마가 돈을 버는 법

천만 관객을 돌파한 영화 〈신과 함께〉, 〈택시 운전사〉를 만든 건 어떤 기업일까? 평범한 관객이라면 영화에 자주 등장하는 쇼박스와 롯데엔터테인먼트 로고를 떠올리기 쉽다. 하지만 〈택시 운전사〉 제작자는 더 램프고, 〈신과 함께〉는 리얼라이즈픽쳐스와 덱스터스튜디오가 공동 제작했다. 쇼박스와 롯데엔터테인먼트는 제작사가 아닌 투자 배급사다. 많은 사람이 '영화 제작' 하면 CJ E&M, 롯데엔터테인먼트, 쇼박스, 메가박스를 연상하지만, 이 대기업들은 태생부터 제작사가 아니라 배급과 상영을 담당하는 유통 회사다. 음악 시장으로 비유하면 대중들이 음악 제작사로 SM엔터테인먼트, YG엔터테인먼트, JYP엔터테인먼트 대신 멜론과 지니, 벅스를 떠올리는 것과 같다.

영화 제작, 배급, 투자의 생태계

영화 산업 생태계는 기획, 투자, 제작, 배급, 상영, 부가 판권 등으로 세분화돼 있다. 이 단계 전체를 대기업 브랜드들이 수직 계열화해 주도하는 한국에서는 일반인이 제작, 배급, 투자, 상영의 역할 구분을 낯설게 느끼는 건 어쩌면 당연하다. CJ E&M, 롯데엔터테인먼트, 쇼박스, 메가박스가 영화 배급 시장의 약 50%를, CGV, 롯데시네마, 메가박스 등 세 극장 체인이 전체 스크린의 약 97%를 차지하고 있기 때문에 대중의 기억에 각인된 영화 산업 브랜드는 극소수에 머문다. 영화를 시작할 때 배급사 - 제작사 순으로 브랜드 로고가 등장하고, 엔딩 크레디트에서도 '제작 투자'라는 이름으로 투자 배급사 대표와 투자사 대표 이름이 먼저 등장하는 점도 영향을 미쳤을 것이다.

그림 6 ┃ 대기업의 영화 산업 수직 계열화

영화를 만드는 건 제작사의 몫이다. 작품을 기획해 시나리오를 완성하고, 감독과 배우를 섭외해 촬영에 들어간다. 제작비 마련을 위해서는 투자 유치가 필수고 이때 가장 큰 투자자로 참여하면서 영화가 만들어지는 데 결정적인 역할을 하는 곳이 배급사다. 본질적으로 배급업은 일종의 '중간 도매업'이라 할 수 있다. 지금은 배급사가 투자는 물론이고 기획, 제작, 마케팅, 정산 등 제반 과정에 적극적으로 참여하지만, 본연의 출발점은 완성된 영화를 소매로 연결하는 유통업이었다. 배급사는 극장, IPTV, 케이블, VOD, DVD 같은 여러 소매 경로로 영화를 공급하면서 대개 10%의 수수료를 취한다. 극장 티켓 가격이 1만 원이면 극장 매출의 50%를 제한 나머지의 10%, 즉 445원 정도(영진위 발전 기금 3% 제외)가 배급사의 몫이다. 배급업은 이처럼 수수료를 취할 수 있기 때문에 주로 메인 투자사가 맡는다. 가장 많은 돈을 투자하는 쪽이 수수료 수익을 가져가는 구조다. 영화 산업이 성장하면서 배급사들이 영화 '제작'에 참여하는 빈도도 부쩍 늘었다. 2017년 말 쇼박스는 〈살인자의 기억법〉을, CJ E&M은 〈그것만이 내 세상〉을 공동 제작했다.

미국의 경우는 어떨까. 미국은 70년 전부터 일명 '파라마운트법'을 통과시켜 제작과 상영을 분리했다. 월트 디즈니는 제작 스튜디오로 출발해 픽사, 마블 같은 제작사를 인수하며 전 세계 영화 산업에서 가장 큰 기업으로 성장했다. 유통 진영의 방송국인 ABC와 ESPN을 인수했고, 최근에는 20세기 폭스까지 사들였다. 물론 미국도 유니버셜, 파라마운트, 워너 브라더스, 컬럼비아 등 초기 스튜디오들이 대부분 거대 유통 자본에 인수되었지만 제작사라는 브랜드만큼은 꿋꿋하게 유지하고 있다. 한국에도 명필름, 청어람, 신씨네 등 업력이 긴 제작사를 비롯해 JK필름, 주피터필름, 하이브미디어코프, 용필름 등 우수한 제작사가 많지만 대중 인지도는 높지 않다. 영화 산업이 점점 커지는 가

🔗 그림 7 │ 영화 투자·배급사의 역할 및 수익 모델

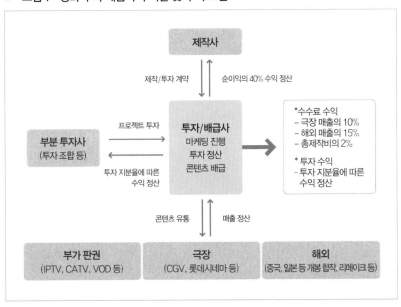

운데 수많은 제작사가 흔적 없이 사라지고 거대한 제작 브랜드도 나오지 않는 이유는 뭘까.

본질적으로 영화 제작은 리스크와 의존성이 크다. 흥행 자체도 리스크가 크고, 영화를 기획하고 만들고 상영하는 과정에서의 리스크 역시 크다. 제작사가 유명 감독과 배우를 섭외하려면 좋은 시나리오와 같은 지식 재산*Intellectual Property, IP*뿐 아니라 자본력이 있어야 하기 때문에 거대 투자 배급사에 의존하기 쉽다. 국내 상업 영화는 대부분 투자 배급사의 메인 투자를 받은 뒤 제작에 들어가며, 제작사가 직접 수십억 원을 조달해 제작한 뒤 배급사를 찾는 사례는 극히 드물다. 배급사의 투자를 받아야 개봉을 할 수 있고, 극장의 선택을 받아야 상영이 가능한 구조다.

창작 진영의 한계도 있다. 영화의 주역인 감독과 배우들은 회사를 키우기보다 개인의 개런티나 인센티브에 집중하는 경향이 있다. 최동훈, 류승완 감독은 부인이 제작사 대표를 맡아 함께 제작사를 키우기도 하지만, 일반적으로는 본인의 개런티와 인센티브를 줄이면서까지 회사를 살찌우는 사례를 찾아보기 어렵다.

중소 제작사들은 이 같은 대기업 투자 배급사의 독주를 견제하기 위해 노력해 왔다. 2017년 말에는 영화인들이 모여 '영화 다양성 확보와

독과점 해소를 위한 대책위원회(일명 '반독과점 영대위')를 출범하고, 스크린 독과점과 수직 계열화를 제한하는 '영화 및 비디오물의 진흥에 관한 법률 개정안'의 국회 통과를 촉구하고 나섰다. 한국 음악 업계에서도 이와 비슷한 움직임을 찾을 수 있다. 2010년을 전후로 음원 사이트 멜론을 서비스하는 로엔엔터테인먼트가 월 정액 서비스를 통해 음악을 헐값에 유통하면서 50%가 넘는 이익을 취한다는 비판이 계속됐다. 그러자 SM엔터테인먼트, YG엔터테인먼트, JYP엔터테인먼트 등 6개 음악 제작사가 공동 출자해 KMP홀딩스라는 유통 회사를 세웠고, 이 회사는 2013년 2대 음원 사이트 지니를 서비스하는 KT뮤직을 인수하는 격변을 일으키기도 했다.

2018년 현재 한국 영화 업계, 이른바 대기업 중심의 투자 배급 업계는 한국형 블록버스터가 줄줄이 흥행에 실패하면서 새로운 지각 변동을 예고하고 있다.

영화 티켓 1만 원, 돈은 어디로 갈까?

영화 티켓 가격은 어떻게 구성돼 있을까? 1만 원을 기준으로 생각해 보자. 극장이 티켓을 팔아 1만 원을 받으면 영화진흥위원회 발전 기금 3%를 제외한 9,700원의 50%를 극장이 가져간다. 극장에서 4,850원을 제한 나머지 4,850원은 투자사로 간다.(여기서 다시 부가 가치세를 뗀다. 극장과 투자사가 나눠 가지는 비율을 '부율'이라고 하는데, 서울 지역의 CGV와 롯데시네마 직영점의 부율은 투자사와 극장이 55:45로 변경됐으나, 지방 직영점과 가맹점 그리고 메가박스는 50:50을 유지하고 있다. 때문에 투자사의 평균 비중을 51%로 계산하기도 한다.)

1만 원을 기준으로 보면 관객 한 명당 투자사에 떨어지는 돈은 발전 기금 3%와 부가 가치세 10%를 공제한 금액 8,730원에서 약 51%의 부율을 적용해 4,452원이 되는데, 여기서 10% 정도를 배급사가 배급 수수료로 가져가므로 투자사의 최종 몫은 4,000원이 조금 넘는다. 여기에 할인 발권, 무료 티켓 등을 감안하면 객 단가 평균은 3,800원 정도다. 따라서 총제작비를 3,800원으로 나누면 어림잡아 관객 수를 짐작할 수 있고, 이것으로 영화의 손익 분기점^{BEP}을 판단한다.

총제작비는 영화를 만드는 데 쓰이는 순수 제작비와 광고 홍보비를 더한 금액이다. 일반적으로 광고 홍보비는 순수 제작비의 20% 전후로 책정한다. 일례로 2018년 여름 개봉한 CJ E&M 투자 배급 영화 〈공작〉은 순 제작비 168억 원에 광고 홍보비 35억 원으로 총제작비 203억 원을 들인 대작이다. 203억 원을 객 단가인 3,800원으로 나누면 손익 분기점은 대략 534만 명이다. 자, 영화 〈공작〉에 투자했던 필자는 과연 수익을 올렸을까? 이에 대한 답은 곧 설명할 '부가 판권'의 성장

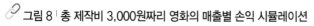

그림 8 | 총 제작비 3,000원짜리 영화의 매출별 손익 시뮬레이션

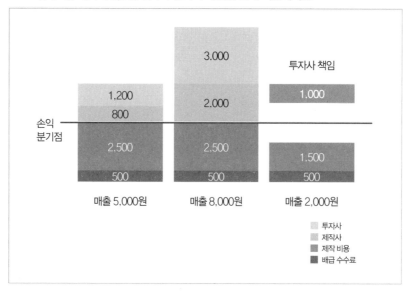

세에서 확인하자.

영화 제작사는 영화가 총제작비를 회수할 때까지, 즉 영화가 손익 분기점에 도달할 때까지는 수익을 가져가지 못한다. 투자금은 이미 인건비와 제작비로 쓰였다. 영화가 흥행에 실패하더라도 제작사가 지출한 감독과 배우 출연료 등의 제작비를 회수하지는 않으므로 손해를 보지는 않는다. 손해를 보는 쪽은 제작사가 아니라 투자사다.

일단 영화가 손익 분기점을 넘어서면 일반적으로 수익의 60%를 투자사가, 40%를 제작사가 가져간다. 예를 들어 손익 분기점이 400만 명

인 영화에 관객이 800만 명 들었다면, 손익 분기점을 넘어선 400만 명
의 관객으로부터 벌어들인 수익금을 투자사와 제작사가 6:4로 나누어
갖는다. 최근에는 영화가 수익을 올리면 유명 배우나 감독, 제작자가
개인 인센티브로 관객당 일정 금액 또는 매출의 일정 퍼센트를 가져가
기도 하니 투자사와 제작사의 몫은 더 줄어들 수 있다.

그런데 여기서 끝이 아니다. 앞에서 살펴본 것처럼 영화는 극장 상영
외에 부가 판권이라는 '롱 테일'을 통한 수익도 기대할 수 있다. 영화
매출에서 극장이 차지하는 비중은 여전히 절대적이지만 IPTV와 스마

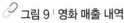 그림 9 | 영화 매출 내역

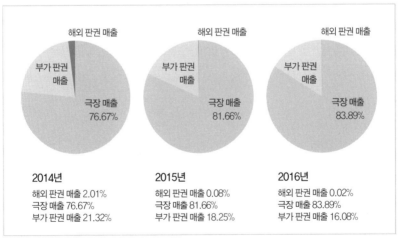

2014년
해외 판권 매출 2.01%
극장 매출 76.67%
부가 판권 매출 21.32%

2015년
해외 판권 매출 0.08%
극장 매출 81.66%
부가 판권 매출 18.25%

2016년
해외 판권 매출 0.02%
극장 매출 83.89%
부가 판권 매출 16.08%

트폰을 통한 영화 시청이 확대되면서 부가 판권도 무시할 수 없는 비중을 차지하게 되었다. 최근에는 영화 업계의 부가 판권 매출 비중이 17~20%까지 높아졌고, 부가 판권 매출의 15% 정도를 다시 해외 판권 매출로 추산하곤 한다. 흥행에 성공한 작품일수록 부가 판권 수익률도 높은 패턴을 보인다.

다시 영화 〈공작〉으로 돌아가 보자. 개봉 50일이 지난 2018년 9월 말 현재 공작의 총관객 수는 497만 명이다. 남아 있는 상영관이 거의 없어 현실적으로 500만 돌파는 불가능하다. 위에서 총제작비 203억 원을 객 단가 3,800원으로 나눈 대략의 손익 분기점 534만 명에 못 미치는 실적이다. 따라서 2018년 말로 예상되는 1차 정산에서 필자는 약간의 손실을 볼 것 같다. 하지만 필자는 부가 판권 매출 비중이 늘어나는 추세에 기대를 걸고 있다. IPTV, 케이블, VOD와 넷플릭스, 유튜브 레드, 아마존, 옥수수, 네이버TV, 카카오TV 등 다양한 국내외 OTT 플랫폼으로 더 많은 이들이 영화를 '롱 테일'로 시청한다면, 필자는 가까운 미래에 약간의 수익을 올릴 수도 있을 것이다.

한국 사람들의 연간 영화 관람 횟수는 세계에서 가장 높은 수준이다. 글로벌 산업 정보 조사 기관인 IHS와 한국영화진흥위원회에 따르면 한국 국민의 연간 영화 관람 횟수는 2016년 4.22회로 세계 1위였고, 2017년에도 4.25회로 아이슬란드에 이어 세계 2위를 기록했다. 중국

95

0.8회, 인도 1.5회는 물론이고 미국 3.5회보다도 훨씬 많다. 그러나 앞
으로는 부가 판권 매출이 극장 매출을 대신할 가능성도 배제할 수 없
어 보인다.

그림 10 | **국가별 1인당 연간 영화 관람 횟수**_2017년 기준

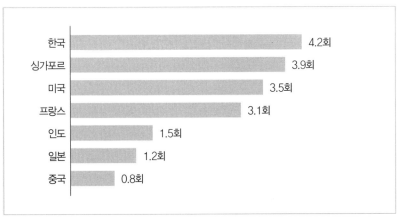

출처_한국영화진흥위원회, IHS

극장과 제작 진영의 수익 불균형

　　2017년을 기준으로 극장 매출의 65%를 차지하는 건 영화 티
켓이고 나머지는 매점 17%, 광고 9%, 기타 수수료와 대관료 9% 등이
다. 매점 비중은 17%로 그리 높아 보이지 않지만 팝콘과 탄산음료 원
가가 워낙 낮기 때문에 수익성은 꽤 높은 편이다.

많은 이들의 예상대로 극장은 돈을 꽤 벌지만 영화를 만들고 투자하고 배급하는 쪽은 돈을 잘 벌지 못한다. 2015~2017년을 기준으로 국내 5,000여 스크린의 97%를 독과점하고 있는 CGV, 롯데시네마, 메가박스 등 극장 체인 3사는 평균 2,000억 원에 가까운 영업 이익을 올렸지만, 영화 투자와 배급을 맡은 측은 오히려 평균 7% 전후의 손실을 보았다.

CJ그룹이 1996년 CGV 극장 사업을 시작키로 한 뒤 영화 투자와 배급, 제작에 관심을 뒀던 것처럼, 한국 영화 업계에서 가장 수익성이 좋은 분야는 뭐니 뭐니 해도 극장이다. 영화를 기획하고 만들고 투자하는 일, 많은 사람이 선호하는 '가슴 떨리는' 일은 아직까지 돈 되는 분야로 보기 어려운 것 같다.

제작 진영의 수익이 저조한 이유로 먼저 제작비 증가를 들 수 있다. 영화 제작비가 늘어난 현상을 긍정적으로 보면 좋은 배우와 스태프, 뛰어난 기술로 제대로 만드는 영화가 많아진 것으로 해석할 수도 있다. 하지만 부정적으로 보면 상업적으로 성공하기 위해 흥행이 검증된 배우와 감독을 섭외하느라 사람에게 너무 비싼 비용을 치른다고도 생각할 수 있다. 배우나 감독의 몸값이 비싸진 근본 이유는 수요의 증가다. 영화 제작 편수는 지속적으로 느는데 이른바 '흥행 배우와 감독'은 많지 않기 때문이다.

사람의 몸값은 순 제작비에 영향을 미친다. 흥행에 도움이 되는 배우와 감독을 섭외하기 위해 투자사와 제작사는 각종 개런티와 인센티브 정책을 펼친다. 배우나 감독에게 제작사가 보유한 영화의 지분을 나눠 주거나, 손익 분기점을 넘으면 관객 1인당 배우에게 추가로 50~300원을 주는 등의 여러 가지 옵션을 활용하기도 한다. 미리 흥행 가능성을 높이기 위해 일급 배우를 겹쳐 출연시키는 경우도 많다. 2017년 말 개봉한 CJ E&M 투자 배급 영화 〈1987〉에는 김윤석, 하정우, 강동원, 유해진, 김태리, 박희순 등 주연급 배우들이 줄줄이 출연했다. 이런 경우 배우 몸값만 해도 두 명이면 10억 원을 넘고 세 명이면 20억 원에 달한다. 유명한 감독도 마찬가지고, 배우와 감독보다는 적지만 억대 시나리오 작가도 등장했다. 상대적으로 미미하지만 프로듀서나 스태프의 인건비도 증가했다. 과거에는 최저 임금과 저임금에도 못 미치는 일이 다반사인 '영화판'이었지만, 최저 임금 인상 등 정부의 의지와 영화계 내부의 양극화 해소 움직임으로 인건비가 조금씩 높아지는 추세다. 더구나 주 52 시간 근무제가 정착되면 제작비는 더 증가할 게 뻔하다.

이밖에 해외 로케이션이 늘고 촬영 장비와 특수 효과비도 상당히 높아졌다. 순수 제작비 자체가 높다 보니 홍보의 중요성은 더욱 커지고, 아울러 총제작비가 늘어나는 추세가 이어지고 있다.

자투리 생각_'마에킹', 한국 엔터테인먼트 특유의 고질적 구조

마에킹(先金), 선급금(先給金)을 뜻하는 속어. 마에킨(前金)이라는 잘못된 한자를 일본식으로 발음한 것으로, 유흥업소 접대 여성에게 옷값 등을 명목으로 먼저 제공하는 전속금의 이미로 쓰이기도 한다. 그런데 한국 엔터데인먼트 업계에서도 '마에킹'이 자주 통용된다. 제작사가 유통 회사의 자본을 먼저 받아 제작한 뒤 유통 진영에 큰 이익을 주는, 한국 특유의 고질적인 비즈니스 구조를 대변하기 때문이다.

실제로 음악 업계에서는 음악을 만들 능력은 있지만 돈이 없는 제작사에게 로엔엔터테인먼트와 CJ엠넷미디어, KT뮤직 등의 유통 업체가 '선급금' 형태로 먼저 돈을 주는 경우가 많다. 제작사는 로엔엔터테인먼트 등 유통사에 음원 유통권을 주고 선급금을 받아 제작비와 운영비로 쓴다. 음반이 나오면 유통사는 해당 음원을 유통하면서 수수료 수익을 얻고, 음반사 몫으로 배정된 수익에서 선급금을 차감한다. 이를 두고 업계 일각에서는 '고리대금업' 같은 구조라고 지적하기도 한다.

마에킹이 무서운 건 액수보다도 흥행 자체에 영향을 미치기 때문이다. 선급금을 받아야만 해당 유통 채널에 올릴 수 있다는 두려움 때문에, '마에킹은 성공의 기본'이라는 식의 아이러니한 행태도 빚어지곤 한다. 주된 이유는 음원 차트에서 가장 중요한 변수 가운데 하나인 '추천곡'에 있다. 음원 유통 서비스 채널이 추천하는 100곡 중 40~50%가 선급금을 받은 노래라는 추측도 나온다. 선급금을 준 음악을 추천곡에 올리면 매출이 늘어나는 건 당연한 결과다. 마치 대기업이 가족 기업이나 투자 기업에 일감을 몰아주는 것과 비슷하다.

주지할 점은 이 같은 마에킹 구조가 영화나 게임 등 다른 엔터테인먼트 분야에서도 반복적으로 이뤄진다는 점이다. 영화는 이른바 메이저 투자 배급사의 선택을 받아야만 상영관을 확보하는 데 유리하고, 게임은 넥슨이나 넷마블 같은 대형 퍼블리셔의 투자를 받아야 대대적으로 선보일 수 있기 때문이다.

제작 진영보다 유통 진영이 큰 이익을 얻어 가는 마에킹 구조가 계속되는 한 한국 엔터테인먼트의 지속적인 발전은 기대하기 어렵다.

블록버스터, 텐트폴이 한국에서도 대세인 이유

블록버스터 *Blockbuster*. 직역하면 '구역 박살기' 정도 되겠다. 블록버스터는 제2차 세계 대전 때 쓰인 영국군의 폭탄 이름으로, 한 구역(block)을 완전히 파괴하는 것(buster)을 의미한다. 그리고 SF나 특수 효과 등에 자본을 대거 투자해 막대한 흥행 수입을 올린 영화를 빗대기도 한다. 할리우드를 넘어 한국에 상륙한 이 단어는 제작비가 비싼 영화를 가리키는 말이 됐고, 제작비가 100억 원 넘는 규모의 영화를 '블록버스터급' 또는 아예 '블록버스터'로 칭하고 있다.

한국에서는 1998년 24억 원을 들여 제작한 〈쉬리〉를 최초의 블록버스터급 영화로 꼽는다. 2002년 〈성냥팔이 소녀의 재림〉이 총제작비 100억 원 시대를 열었고, 2003년에는 〈실미도〉(110억 원), 〈태극기 휘날리며〉(147억 원), 2005년 〈태풍〉(150억 원), 2006년 〈괴물〉(112억 원) 등이 등장해 블록버스터급 영화의 경쟁이 본격화됐다. 이후 한국 블록버스터는 꾸준히 증가해 2016년에는 11편, 2017년에는 12편이 제작됐고, 2018년에는 200억 원 전후의 영화도 많이 등장했다. 여름 성수기는 물론이고 추석 연휴와 연말연시에도 한국의 메이저 투자배급사들이 200억 원 규모의 블록버스터급 영화로 승부를 겨루는 일이 트렌드처럼 됐다.

2018년 CJ는 〈7년의 밤〉(100억 원), 〈PMC〉(140억 원), 〈공작〉(203억 원)을, 롯데는 〈신과 함께2〉(1,2편 합산 350억 원)를 개봉했다. 쇼박스는 〈마약왕〉(160억 원), 〈조선명탐정3〉(110억 원)를, NEW는 〈염력〉(130억 원)을 시작으로 〈독전〉, 〈스윙키즈〉, 〈창궐〉(100억 원 이상)과 〈안시성〉(200억 원 이상)을 차례로 개봉했다.

한국의 블록버스터급 영화에 외국 자본의 투자도 이어졌다. 워너 브라더스는 2017년 〈밀정〉을 시작으로 〈VIP〉, 〈마녀〉, 〈인랑〉을 제작해 배급했다. 〈밀정〉과 〈VIP〉는 총제작비가 100억 원이 넘고 〈인랑〉은 200억 원이 넘었다. 20세기 폭스가 만든 〈곡성〉, 〈대립군〉도 모두 100억 원급 영화였다. 넷플릭스는 봉준호 감독의 영화 〈옥자〉에 600억 전액을 투자하기도 했다.

몇 년 전부터 영화 업계에서는 블록버스터보다 '텐트폴*Tentpole*'이라는 말이 더 많이 들린다. 텐트폴은 텐트의 중심을 지지하는 기둥으로, 제작사 입장에서 수익에 보탬이 되는 가장 크고 중요한 기둥 같은 작품을 의미한다. 텐트를 세울 때 중심 기둥부터 세우는 것처럼 유명 감독과 배우와 프로듀서를 섭외한 뒤, 영화 제작 완료 전이나 개봉 전에 트레일러 영상 등을 공개해 여러 나라 방송사나 투자사의 입찰을 거쳐 사전 판매를 성사시키는 형태다. 연휴나 방학 같은 성수기를 겨냥해 상업적 흥행 코드에 맞춰 제작하는 큰 규모 작품이나 마블의 유명 프랜차이즈물이 대개 여기에 해당한다.

텐트폴은 한창 성장 중인 드라마 시장에서도 쓰인다. tvN의 〈도깨비〉

나 〈화유기〉, 〈미스터 션샤인〉, 〈알함브라 궁전의 추억〉처럼 평균 제작비가 150~400억 원에 달하는 대형 드라마를 넷플릭스 같은 OTT나 글로벌 방송사를 통해 사전 판매하면서 텐트폴급 드라마 제작이 늘어나는 추세다. 영화 배급사 NEW가 2016년 드라마 〈태양의 후예〉로 크게 성공하자 2018년 〈미스 함무라비〉에 이어 〈뷰티 인사이드〉, 〈무빙〉 등의 드라마를 연달아 제작하는 점도 드라마로의 텐트폴 이동을 잘 보여 주는 사례다. 영화 배급사 쇼박스 역시 이 무렵 『이태원 클라쓰』, 『대새녀의 메이크업 이야기』 등 웹툰과 드라마 판권 계약을 체결하며 드라마 시장으로 눈을 돌렸다.

한국에서 블록버스터급, 텐트폴급 영화와 드라마가 대세인 이유는 수익성이다. 극장, TV, VOD, OTT 등 영화나 드라마를 시청하는 접점이 확대되면서 극장의 흥행 주기가 매우 짧아졌다. 때문에 비싸게 잘 만든 작품으로 단기에 흥행시켜 길게 끌고 나가는 전략이 확대됐고, 성과도 좋았다. 실제로 그 정점이던 2016년에는 제작비가 100억 원 넘는 영화 11편 가운데 82%에 해당하는 9편이 손익 분기점을 넘어섰다. 사실 수익률보다 더 중요한 것은 수익의 규모와 기간이다. 투자자 입장에서 10억 원짜리 영화를 만들어 100% 수익을 내면 10억 원을 벌지만, 100억 원짜리 영화가 100% 수익을 내면 그 열 배에 달하는 100억 원을 버는 셈이다. 배급 업계에 따르면 2015~2017년 메인 투자 배급사들이 여름 성수기에 선별해 공개한 텐트폴 영화는 평균 30~40% 의 수익률을 기록했다. 여름 성수기를 제외한 평균은 마이너스 수익률로 대조적이었다.

외부 투자자가 영화에 투자하는 시점이 대개 제작 후반부터 개봉 직전까지고 개봉 후 5~7개월이 지난 시점에 1차 투자금을 정산하는 점을 감안하면, 영화는 매우 짧은 기간에 수익을 회수할 수 있는 투자 수단이다. 따라서 단기간에 큰 수익을 원하는 투자 자본의 특성상 10억 원짜리 영화 여러 편에 투자해 장기간 흥행을 노리는 것보다, 확실한 성수기 영화 한 편에 크게 투자하는 것이 합리적인 판단일 수 있다. 그러나 2017년부터 제작비가 100억 원 넘는 영화의 손익 분기점 도달률이 50%로 떨어진 반면 제작비는 지속적으로 늘고 있어 우려의 목소리도 나온다.

드라마 역시 흥행 변수를 감안해 글로벌 사전 판매 등으로 리스크를 분산한 텐트폴 작품에 투자금이 몰리고 있다. 한화투자증권이 2018년 5월 발간한 보고서 「드라마, 올해만 좋을까요」에 따르면 일반 드라마의 수익률은 −10~15% 수준인 데 반해, 텐트폴 드라마는 30~60%에 이른다. 특히 방송사의 방영권료에 의존하던 드라마의 수익 구조가 OTT 등 다양한 플랫폼으로 확대되면서 작품 자체의 수익률은 더욱 높아지는 추세다.

그런데 한국 영화와 드라마가 블록버스터나 텐트폴에 치중하는 것이 바람직할까? 질적인 성장 측면에서는 어떻게 평가할 수 있을까?

여러 의견이 있겠지만 필자는 균형을 맞추는 것이 중요하며 텐트폴로의 치중은 바람직하지 않다는 생각이다. 일단 산업적인 면에서 볼 때 미국식 할리우드 모델을 지향하더라도 영어로 전 세계에 서비스되는 할리우드 영화와의 자본 경쟁에서 이기기는 어렵다. 한국 영화 제작비가 100억 원에서 200억 원을 넘어서는 단계라면 웬만한 할리우드 블록버스터는 1억 달러는 기본이고 2억 달러도 훌쩍 넘기 때문이다. 10분의 1 수준인 자본력으로 전 세계 블록버스터 강국을 지향하기에는 한계가 명확해 보인다. 이미 2017년 100억 원 넘는 영화의 50%가 손익 분기점에 도달하지 못했고, 2011년부터 7년 연속 50%를 넘던 한국 영화 점유율은 2018년 7월 현재 외화에 밀려 50% 아래로 떨어졌다.

최근의 극장 환경은 친구 셋이서 영화를 볼 때 한 명이 선호하는 영화는 아예 볼 곳이 없는, 마치 다수결 원칙처럼 비싸고 화려한 영화가 상영관을 독차지하는 분위기다. 이런 쏠림 속에서 교훈과 감동, 저널리즘과 휴머니즘 등 영화를 통해 얻을 수 있는 다양한 감동과 예술적인 만족감을 얻기는 쉽지 않다. 그러므로 다양한 영화의 창작과 유통 기회를 마련해 영화가 줄 수 있는 효용을 확산시키는 쪽이 바람직하겠다. 역사적으로 영화의 역할은 크게 세 가지로 분류된다. 산업적 측면에서는 사람들에게 재미와 감동을 주는 엔터테인먼트로, 예술적 측면에서는 표현의 자유를 확대하는 수단으로, 정치적 측면에서는 선전이나 선동의 역할을 수행해 왔다. 요즘 시대 영화는 대중의 선택에 의해 시장에서 자본으로 거래되기 때문에 선전 선동 역할은 거의 사라졌다고 할 수 있다. 산업과 예술 측면으로 구분해서 볼 때, 동시대 영화와 드라마는 지나치게 엔터테인먼트로 치우쳐 있는 게 현실이다. 영화의 발전은 엔터테인먼트와 예술의 융합과 경쟁 속에서 이뤄져 왔다. 미래 영화 산업을 위해서라도 엔터테인먼트와 예술 간의 균형은 반드시 필요하다. 인간의 창작과 상상력은 수직 계열화로 관리하고 효율을 추구하기엔 한계가 있다. 제작비가 많이 들지 않아도 효용을 줄 수 있고, 또 그런 효용을 원하는 이들을 위해서라도 일정한 수준의 룸은 확보해 주고, 다양한 장르의 창작 활동을 장려하는 분위기를 만든다면 생태계 활성화 차원에서도 바람직할 것이다.

영화 수입업이나 한번 해 볼까?

성공한 벤처 창업가 A는 매년 1월이면 절친과 미국에 간다. 연초에 일상과 떨어져 여행하면서 공연과 휴식을 즐기고, 돌아오는 길에는 LA의 선댄스영화제에 들른다. 거기서 닷새 정도 머물며 영화만 보다 보면 지난해 정리와 올해 계획이 머릿속에 명쾌하게 정돈된다.

선댄스영화제에서 가장 먼저 뚜껑을 여는 월드 프리미어 위주로 좋아하는 작품을 골라 보고, 스케줄이 안 맞으면 친구와 따로 영화를 본 뒤 저녁을 먹으면서 감상을 교환한다. 올해 월드 프리미어에서 감명 깊게 본 영화가 있는데 마침 친구도 썩 괜찮았다고 평한다. 오랜만에 사업가 기질 좀 발휘해 볼까. 미국 현지 직원을 통해 해당 영화 배급사를 알아본다. 유럽의 업력 있는 영화 배급사가 세일즈를 맡고 있는데 가격과 조건이 괜찮으니 구매를 해야겠다. 배급사와 접촉해 계약은 미리 진행하고 공식 마켓이 열리는 2월 베를린영화제에서 미팅을 갖기로 한다. 한국 관객에게 꼭 보여 주고 싶은 영화다. 올해는 좋은 영화가 많다고 하니 5월에는 시간이 나면 칸영화제 프리미어 마켓부터 돌아보고 싶다.

생각만 해도 낭만적이지 않은가. 실제로 이렇게 사는 사람을 본 적이 있으니 상상 속 얘기만은 아니다. 하지만 아무리 돈이 많아도 이후의 과정은 순탄치 않다.
먼저 수입까지의 난관을 들여다보자. 월드 프리미어 영화를 수입하기 위해 영화제 마켓에 가면 한국인 행렬이 길게 늘어서 있다. 잘 만든 영화라면 수입을 해서 성공할 가능성이 있기 때문이다. 앞서 본 것처럼 한국인의 연간 영화 관람 횟수는 세계 최고 수준이고 한국 영화관 스크린 수를 모두 합하면 5,000개가 넘으니까.

하지만 한국의 여러 업종이 그렇듯 영화 수입 업체 역시 이미 포화 상태다. 웬만한 영화제 마켓에는 네트워크가 풍부한 한국 수입 업체들이 즐비하고, 영화를 구매하려 해도 경쟁이 불가피한 때가 많다. 앞의 예시처럼 월드 프리미어 영화를 관람한 뒤 마음에 들면 구매하러 마켓으로 간다? 옛날 얘기에 가깝다. 해외 배급사가 마켓에 프로모션 영상을 올리면 그 즉시 한국 판권이 팔리는 경우가 대부분이다. 유명 제작자나 감독, 작품이 연관돼 있다면 시나리오 개발 단계에서 이미 한국 판권이 팔리기도 한다. 수입 영화 가운데 150만 관객을 모으며 최근 몇 년간 가장 좋은 수익률을 올렸던 〈위플래시〉(2015)는 선댄스영화제 이후 중소 배급사인 미로비전에서 영화가 마켓에 나오기 전에 직접 구매를 요청해 계약을 성사시켰다.

일반적으로 수입 영화는 수익률이 높지 않다. 수익률이 좋다면 국내 대형 영화사들이 마켓을 휘젓고 다니겠지만 현실은 그렇지 않다. 게다가 우리가 즐겨 보는 해외 블록버스터급 상업 영화는 대부분 사고 싶어도 살 수가 없다. 워너 브라더스, 월트 디즈니, 20세기 폭스, 파라마운트, 소니 등은 모두 직배(직접 배급) 방식으로 한국 극장들과 직접 계약을 맺기 때문이다.

솔직히는 위에서 말한 벤처 창업가 A 같은 삶은 꿈도 꾸지 말라고 권하고 싶다. 겉으로 보기에 낭만적인 일에는 항상 치열한 경쟁과 위험이 도사리고 있다. 부실한 회사와 부실한 금전 관계도 많아 어설프게 뛰어들었다간 돈을 물리거나 손실을 보기 십상이다. 나쁜 예시지만 영화 업계에서는 회사에 부채가 많아서 다른 법인으로 계약한 뒤 돈을 벌어도 갚지 않는 경우가 비일비재하다. 잘되면 전 회사는 폐업시켜 버리고 새로운 법인으로 다시 출발하는 것이다. 영화를 파는 측에서는 '가격'과 '조건'을 주로 보기 때문에 가능한 일이다. 다른 분야에서는 좀처럼 듣고 보기 어려운 리스크도 많다. 진입 장벽이 높지 않아 돈 좀 있다는 재벌가 자녀들이 쉽게 손을 댔다가 쓴맛을 많이 본 분야가 바로 영화 수입업이다.

흥행을 좌우하는 입도선매식 예매 시스템

어렵사리 영화를 수입하더라도 한국에서 흥행시키는 일은 또 다른 난관이다. 〈위플래시〉의 흥행은 거대 기업 투자사인 NXC의 '넥슨 문화 다양성 펀드'가 투자에 참여하고 메이저 배급사인 쇼박스가 개봉을 책임진 점이 주효했다. 해외 직배사들의 공격적인 투자로 인해 국내 메이저 배급사들은 외화 배급 대행을 줄이는 추세며, 쇼박스 역시 〈위플래시〉 이후 몇 년간 외화 배급 대행을 한 사례가 없다.

주목할 점은 수입 영화의 흥행이 관객의 선택에 좌우된다고 생각했다간 큰코다친다는 것이다. 중요한 건 투자사와 극장의 선택을 받는 일이다. 극장에서 개봉하고 싶어도 마케팅 비용이 있어야 하는데 적절한 투자사를 찾지 못하면 수입 비용과 개봉 비용의 부담이 가중된다. 투자사를 찾더라도 극장의 선택, 좀 더 구체적으로 얘기하면 대규모 극장 체인 담당자의 선택을 받지 못하면 상영관을 잡을 수 없다. 특히 극장 생태계는 '예매율'이라는 매우 독특한 시스템으로 운용되기 때문에 '작품성은 시장이 알아본다'는 식의 어설픈 논리로 접근했다가는 대중이 개봉한 사실도 모른 채 사라지는 경우가 비일비재하다. 다음의 예로 설명해 보자.

입도선매立稻先賣, 아직 자라고 있는 벼를 미리 팔아 버린다는 뜻이다. 완성되지는 않았지만 미래를 보고 먼저 사고파는 행위를 가리킬 때 사용하기도 한다. 이를 영화 산업에 비추어 보면 극장의 '예매' 시스템과 비슷하다. 예매는 아직 개봉하지 않은 영화를 두고 미리 좌석을 판매하는 행위다. 2018년 개봉한 〈어벤져스: 인피니티 워〉는 이 같은 극장의 입도선매와 함께 스크린 '몰빵'이 극대화된 사례다. 개봉 당일 98만 명의 관객이 몰린 〈어벤져스: 인피니티 워〉는 역대 최단, 최고, 최다 기록을 갈아치우며 한국 영화계의 역사를 새로 썼다. 개봉 하루 전인 4월 24일 저녁 〈어벤져스: 인피니티 워〉 예매율은 전체의 96%를 넘어섰다. 개봉 전에 이미 122만 장이 팔려 나간 건 티켓을 산 관객이 많았다는 뜻이지만, 한편으로는 그만큼 입도선매한 극장이 많았다는 이야기

이기도 하다. 개봉 당일인 4월 25일에는 우리나라 전체 영화관 스크린의 46.2%에 달하는 2,461개 관이 〈어벤져스: 인피니티 워〉를 택했고, 전체 상영 횟수의 72.8%를 이 영화가 차지했다. 그날 극장에서 상영한 영화 100개 중 73개는 〈어벤져스: 인피니티 워〉였다는 의미다.

우리가 알고 있는 예매는 어느 영화에나 공평하게 열려 있는 것 같지만 실제는 다르다. 유명하고 비싼 영화는 열흘 전부터 예매가 가능하고, 잘 알려지지 않은 저예산 영화는 개봉 전날이나 당일에야 예매가 가능하다. 개봉 당일 박스오피스와 직결되는 예매율은 극장이 미리 스크린을 배정한 영화는 높고 미리 배정해 주지 않은 영화는 낮을 수밖에 없다. 2018년 2월 개봉한 〈블랙팬서〉는 개봉 17일 전인 1월 중순부터 예매가 가능해지면서 일찌감치 예매율 1위에 올랐고, CGV가 IMAX, 4DX 등 특별관을 사전 예매하면서 예매율은 그야말로 치솟았다.

비슷한 시기, 영화 업계에서는 극장에서 상영 기회를 잡지 못해 발을 동동 구르는 상황이 계속됐다. 1월 17일 개봉한 〈돌아와요 부산항애〉는 스크린을 88개밖에 잡지 못했고, 한 스크린의 일일 상영 수는 거의 1회, 총 상영 횟수는 800여 회에 그쳤다. 〈돌아와요 부산항애〉 제작사는 대형 극장 체인들이 개봉 전날에도 예매를 열지 않았다며 대형 극장 체인을 상대로 교차 상영 중단을 위한 법제 마련을 요구하는 대국민 서명 운동을 벌였다.

1월 24일 개봉한 영화 〈1급기밀〉은 상영관 수는 500개를 넘었지만 전날 오후부터 예매가 오픈되면서 저조한 예매율로 출발했다. 개봉 직후 메가박스에서는 아침 7시와 밤 10시대 두 차례만 〈1급기밀〉을 상영하고, 오전과 오후, 저녁 시간에는 자사가 투자 배급하는 〈커뮤터〉를 스크린에 올리는 희한한 일도 벌어졌다. 이런 식으로 조조나 심야에 상영관을 배치하고 그마저도 열었다 닫았다 하는 식으로 운영하는 행태를 '교차 상영' 일명 '퐁당퐁당'이라 한다. 같은 날 개봉한 노년층의 사랑과 우정을 다룬 영화 〈비밥바룰라〉 역시 제작사가 청와대에 손 편지를 보내는 등 상영관 확보를 위해 안간힘을 썼지만 347개던 상영관은 일주일 만에 거의 사라지고 말았다.

이 같은 창작자들의 외침에도 일반인의 관심은 시큰둥한 편인데, 그 배경에는 '상영관이 안 열리는 건 시장 원리 탓'이라는 다소 엇나간 시각이 존재하기 때문인 것 같다. 과연 극장이 17일 전부터 예매를 열어 주는 영화와 개봉 당일에야 예매를 열어 주는 영화에는 어떤 시장 원리가 작동하는 걸까. 위 사례를 종합해 보면 결론은 '시장 원리'가 아니라 '극장 원리'에 가깝다는 사실을 알 수 있다. 물론 극장은 공공재가 아니니 비싼 특별관을 열어 수익을 극대화하는 행위가 당연하고 합리적이기는 하다.

영화 수입업을 고려 중이라면 반드시 생각해야 할 것이 있다. 최근 몇 년간 극장들은 수천 억을 벌었지만 영화 투자사와 제작사는 손실을 봤다는 점이다. 다시 말하면 극장과 배급 투자가 수직 계열화된 곳은 자원 배분으로 얼마든지 손익을 보완할 수 있지만, 제작과 투자만 하는 곳에서는 극장의 입도선매에 따른 '기울어진 운동장'에 저항할 수가 없다.

지금의 극장 생태계에서는 공급자의 가격 협상력이 존재하지 않는다. 관객 입장에서도 1조 원을 들여 만든 영화를 1만 원에 보는 것에 비해 몇억 원으로 만든 저예산 영화를 1만 원에 보는 것은 비효율적이라고 할 수 있다. 하지만 영화를 만들어 극장에 공급하는 입장에서 '우리 영화는 싸게라도 팔아 달라'고 부탁해도 극장들은 들어줄 생각이 없다. 앞으로도 당분간 영화 수입업은 한국 영화와 할리우드 직배 영화 사이에서 생존을 위한 몸부림을 계속할 것 같다.

드라마는 어떻게 돈을 벌까

2016년 기준 한국 미디어 콘텐츠 수출 규모는 3억6,000만 달러였다. 자국 콘텐츠의 해외 수출액 규모로는 미국과 영국 다음으로 세계 3위며, 가장 주요한 수출 분야는 단연 드라마였다. 그렇다면 수출 효자 드라마는 어떻게 돈을 벌까.

드라마 산업의 수익 구조 변화는 드라마 변천사와 맥을 같이한다. 먼저 드라마가 형식적으로 완성된 1980년대의 1기와, 외주 제작을 도입하기 시작한 1990년대의 2기, 2002년 이후 아시아 시장 진출 확장기인 3기 그리고 OTT 플랫폼이 등장한 2014년 이후를 4기로 구분할수 있다.

1기에는 제작사가 따로 없이 방송사가 직접 드라마를 만들어 방영하고 광고 수익을 올렸다. 2기에는 외주 제작사가 드라마를 제작해 방송사에 납품하고 방송사로부터 방영권료를 받았다. 3기는 제작사가 직접 작품에 투자도 하면서 방영권료와 함께 간접 광고 수익을 올리고, 해외 판매에 따른 수익도 나눠 가졌다. 4기는 〈별에서 온 그대〉를 출발점으로 해외 수출이 OTT로 확대되면서 수익원이 다변화되었다.

우리가 주목할 부분은 3기다. 이때부터 외주 제작사들은 작가와 배우를 직접 영입하고 방송사와의 협상 과정에서도 목소리를 높이기 시작했다. 하지만 방송사 입장에서는 제작비의 70~80% 정도를 방영권료로 부담하는 만큼 저작권은 방송사 소유로 하려는 입장을 고수했다. 이에 따라 제작사는 저작권 대신 해외 판매와 부가 판권 수익을 분배 받는 방식으로 문제를 해결했다. 예를 들어 해외 수익의 약 40%, VOD나 웹하드 수익의 40%를 방송사와 외주 제작사가 나눠 갖는 것이다.

한국 드라마의 해외 판매는 2000년대 〈겨울연가〉를 시작으로 꾸준히 확대돼 왔다. 초기 드라마 수출은 저작권이 잘 정비된 일본 시장의 비

113

중이 압도적으로 높았다. 하지만 2010년 들어 한일 관계가 냉각되면서 가격도 얼어붙기 시작했고, 2016년을 기점으로는 중국이 가장 큰 시장으로 성장했다. 한 예로 2012년 방영된 송중기 주연의 〈착한 남자〉(20부작)는 일본에 회당 16.7만 달러에 팔렸지만 이후 다른 드라마들의 판매액은 회당 10만 달러 미만으로 떨어졌다. 일본에서 큰 인기를 끈 동방신기 유노윤호가 주연한 웹드라마 〈당신을 주문합니다〉도 2015년 3만5,000달러 선에 판매됐다. 2014년 말 방영된 〈피노키오〉(20부작)의 경우 중국에는 28만 달러에 팔렸지만, 일본에는 5만 달러에 그쳤다. 2017년 〈당신이 잠든 사이에〉(32부작)는 중국 텐센트에 회당 40만 달러까지 치솟은 금액으로 수출됐다.

드라마의 수익원은 크게 방송사의 방영권료와 간접 광고^{PPL}, 해외 판권 등 세 가지다. 여기에 2014년 전후로 국내외 OTT 플랫폼의 전송료가 새로운 수익원으로 급부상했다.

방영권료는 외주 제작비로, 총제작비의 70%가량을 지원 받는다. 간접 광고는 말 그대로 제품을 간접적으로 홍보하는 광고다. 프로그램 내에 소품을 배치하거나 제품 로고와 상표를 노출시켜 주고 광고비를 받는데, 한국방송광고공사^{KOBACO}에서 수수료를 제하고 남은 수익을 방송사와 제작사가 나눠 갖는다. 하지만 2016년 8월부터는 외주 제작사가 간접 광고를 직접 유치해 수익을 모두 가져갈 수 있다. '제작 지원'

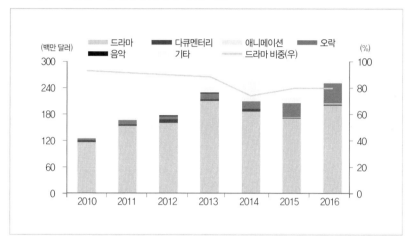

그림 11 ᠃ 콘텐츠 형태별 수출액 추이 및 비중

출처_KOCCA, 한화투자증권

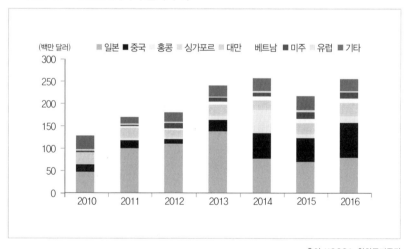

그림 12 ᠃ 국가별 드라마 수출액 추이

출처_KOCCA, 한화투자증권

형식으로 방송 후반에 등장하는 띠 모양의 배너 광고 역시 제작사가 수익을 갖는다. 과거 카페베네, 망고식스 등 커피 프랜차이즈에서 배너 광고를 많이 집행했는데 드라마의 흥행 여부에 따라 배너 수가 달라진다. 한 예로 드라마 〈별에서 온 그대〉는 시청률이 높아지면서 배너 광고 요청이 많아지자 드라마 본편이 끝난 뒤 액자 구조의 '에필로그' 장면을 추가하고 액자 주변에 배너 광고를 나열해 수익을 극대화하기도 했다.

간접 광고 수익은 한국 드라마에 로맨틱 코미디 장르가 많은 이유와도 연관지을 수 있다. 사극은 의상, 소품, 분장 등의 미술비가 많이 들지만 시장에 어필하는 간접 광고를 유치하기는 어렵다. 드라마 배경이 먼 과거일수록 소품이나 의상을 구하기 어렵고 비용도 많이 든다. 반면 로맨틱 코미디, 예를 들어 신데렐라 여성과 재벌 2세의 사랑을 다룬 드라마는 간접 광고를 노출하기 좋은 장면이 많다. 재벌 2세의 비싼 차와 리조트, 극이 전개되면서 점점 예뻐지는 신데렐라 주인공의 화장품과 의류, 핸드백과 구두, 목걸이 등은 광고주들의 직접적인 타깃이 되기 때문이다. 드라마 중 갑자기 어플리케이션을 켜서 어떤 기능을 실행하거나 소리 나는 인형으로 스토리의 복선을 까는 일도 대개 간접 광고다.

방송사가 드라마 저작권을 좌지우지하던 행태에 경종을 울린 건 해외에서 먼저 등장한 OTT 플랫폼이다. 2013년 12월 중국의 신생 OTT

플랫폼 아이치이는 〈별에서 온 그대〉(21부작)를 회당 3만 달러에 사들이면서 폭발적으로 성장하기 시작했다. 아이치이는 한화로 약 6억 7,000만 원을 전송료로 내고 1,000억 원에 가까운 광고 수익을 올린 것으로 추산됐다. 이후 2014년 〈쓰리데이즈〉(16부작)는 회당 5만 달러, 〈닥터 이방인〉(20부작)은 회당 8만 달러, 〈괜찮아, 사랑이야〉(16부작)는 회당 12만 달러, 〈내겐 너무 사랑스러운 그녀〉(16부작)는 회당 20만 달러, 〈피노키오〉(20부작)는 회당 28만 달러로 꾸준히 판권 가격을 높이며 중국 OTT로 수출됐다.

드라마 수출액이 높아지자 한국 드라마 제작사들은 방송사가 주는 방영권료에 의지하지 않아도 되는 엄청난 '변화의 전기'를 맞았다. 많은 드라마 제작사가 방송사에 저작권을 전부 주지 않고 일부라도 지식 재산권을 소유하기 위해 방송국과 협상을 벌였다.

때마침 글로벌 최대 OTT 플랫폼인 넷플릭스의 등장은 한국 드라마 업계에 훈풍으로 다가왔다. 미국에서 제작한 'Made in U.S.' 콘텐츠를 활용해 세계로 확장하던 넷플릭스는 일본 애니메이션에 이어 한국 드라마를 생산 기지로 선택했다. 한국 드라마는 중국, 일본, 동남아시아에서 '한류'라는 시장을 창조해 낼 만큼 인기가 높고, 작품과 배우의 높은 인지도와 명성에 비해 '가성비'가 좋기 때문이다. 한국 드라마 제작비는 회당 평균 5~15억 원 선으로 100억 원이 넘는 미국에 비하면 크게 낮다. 넷플릭스가 제공하는 한국 콘텐츠 수는 한국 진출 첫해인

2016년만 해도 60개에 불과했지만 2017년에는 100여 개, 2018년에는 500개를 넘어설 전망이다.

중국 OTT 시장도 무시할 수 없다. 2017년 7월 기준 월 사용자 수는 텐센트가 4.57억 명, 아이치이가 4.42억 명, 유쿠투더우가 3.25억 명에 이른다. 2016년 〈태양의 후예〉는 중국 아이치이를 통해 서비스되면서 회당 150만 위안(2.5억 원)이라는 최고가의 판권료를 받은 바 있다.

자투리 생각_한류 드라마, 홍콩 느와르의 전철 밟을까

일본 열도와 중국 대륙을 휩쓸던 한류는 현재 과도기다. 사람과 콘텐츠가 문화의 형태로 확산되면서 누리던 경제적 효익도 숨 고르기에 들어갔다. 문화 콘텐츠 수입에 위기의식을 느끼던 일본과 중국은 정부가 앞장서 정치적, 지정학적 이유로 한동안 한류를 닫아 버렸다.

하지만 보이는 손은 오래가지 못하는 법. 정치적, 지정학적 위기가 누그러지면서 정체됐던 한류가 꿈틀거리기 시작했다. 한국 영화와 드라마는 다시 성장과 확산의 궤도에 진입할 수 있을까. 1970~1980년대 쿵후 영화 신드롬, 1980~1990년대 홍콩 느와르 열풍처럼, 활활 타오른 뒤 식어 버리지는 않을까. 1995년까지 홍콩의 4대 천왕인 장학우, 유덕화, 여명, 곽부성은 일본에서 라이브 공연으로 엄청난 인기를 끌었다. 2000년대 들어 그들을 대신한 4대 천왕은 이병헌, 송승헌, 원빈, 장동건 등 한국 배우들이었지만.

과거에 엄청난 팬덤을 형성했던 그 많던 홍콩 느와르 작품은 왜 몰락했을까? 작품 내부적인 원인으로는 배우와 포맷의 '반복 재생산'을 꼽는 전문가가 많다. 조직 폭력, 무술, 코미디, 로맨스가 적당히 섞인 비슷한 포맷을 일부 스타에만 의존해 지나치게 답습했다는 지적이다. 외부적으로는 1997년 홍콩의 중국 반환을 들지 않을 수 없다. 홍콩 느와르 영화의 제작 편수는 본토 반환 이후 급감했는데, 이를 두고 홍콩 영화계의 자율성이 침해됐기 때문이라는 분석도 많았다. 실제로 홍콩 영화계의 많은 핵심 인력이 사회주의를 우려해 대거 해외로 이탈하는 현상도 빚어졌다.

일각에서는 한류도 쿵후 영화와 홍콩 느와르를 답습할 것이라는 비관적인 전망을 내놓기도 한다. 하지만 한일 관계의 악화와 중국의 한한령 속에서도 K팝의 글로벌 인기는 계속되고, 한국 드라마도 새로운 시장을 확보하면서 진화를 거듭하고 있다. 대표적인 예가 중국의 아이치이와 텐센트, 미국의 넷플릭스와 유튜브 레드 등 글로벌 OTT 플랫폼들의 '러브콜'이다.

119

글로벌 최대 OTT 플랫폼인 넷플릭스는 한국 드라마를 차세대 먹거리로 선정해 투자와 유통을 꾸준히 늘리고 있다. 전 세계에서 가장 인구가 많은 아시아에서 K팝과 한국 드라마의 위상은 여전히 건재한 반면, 아직까지는 제작비가 상대적으로 싸기 때문이다.

K팝과 영화, 드라마, 예능, 게임 등이 저마다의 사이클로 진화하며 영향력을 교환하고 있는 한국의 엔터테인먼트는 홍콩의 단조로운 느와르물에 비해서는 생명력이 길 수밖에 없어 보인다.

4.
'뭉치면 더 번다'
엔터테인먼트의 시너지

어떤 영화나 드라마가 큰 인기를 끌고 출연 배우가 '뜨면' 대기업들은 앞다투어 수억 원대의 모델료를 제시하며 배우에게 광고 러브콜을 보낸다. 기업들이 이렇게 비싼 대가를 치르려는 이유는 뭘까. 수억 원의 광고료를 쓰더라도 대중에게 '대세' 라는 이미지를 심어주는 게 영업 활동에 훨씬 득이라는 계산이 깔려 있기 때문이다. 엔터테인먼트와 광고가 긴밀히 뭉치는 이유다.

엔터테인먼트는 이처럼 다른 산업과 결합할 때 큰 폭발력을 발휘한다. 엔터테인먼트의 핵심 가치가 '융합'과 이를 통한 '부가 가치'에 있다고 해도 과언이 아닐 정도다. 예시로 든 광고뿐만 아니라 부동산, 캐릭터, 게임, 영화 등 시너지를 낼 수 있는 영역이면 어디와도 결합한다.

엔터테인먼트와 부동산의 환상적인 궁합

"땅, 이것이야말로 돈이 되는 것*Land, that's what the money is*."

맥도널드 회장 레이 크록의 일대기를 다룬 영화 〈파운더〉(2016)에 등장하는 대사다. 영화에서 테이스티 프리즈라는 투자 회사의 해리(비제이 노박 분)는 레이 크록(마이클 키튼 분)에게 "당신은 자신이 무슨 사

121

업을 하는지 모르는 것 같다"고 충고하며 이 말을 건넸다. 영화는 캘리포니아의 햄버거 가게 맥도널드가 레이 크록이라는 사업가를 만나 어떻게 세계 최대 식품 프랜차이즈로 성장했는지 그 과정을 담았다.

많은 사람이 맥도널드 회장으로 레이 크록을 떠올리지만 실제 맥도널드라는 프랜차이즈 패스트푸드 식당의 창업자는 모리스 맥도널드 (1902~1971)와 리처드 맥도널드(1909~1998) 형제다. 뉴햄프셔 출신인 이들은 1920년대에 할리우드에서 극장 사업에 뛰어들었다가 1937년부터 식당을 시작했다. '빠른 서비스와 맛있는 음식'을 기치로 그 프로세스와 시스템에 공을 들인 형제는 수많은 시뮬레이션을 거쳐 그들의 식당을 패스트푸드 명소로 자리매김했다. 햄버거와 프렌치프라이, 콜라와 밀크셰이크 등을 손님이 직접 가져가는 대신 가격은 낮추고 음식의 질은 높였다.

작은 주방 용품 회사의 영업 사원이던 레이 크록의 일과는 시카고 인근 식당을 돌아다니는 것이었다. 밀크셰이크 다섯 잔을 동시에 만들어 내는 신제품 멀티 믹서를 판매하던 50대 외판원 레이 크록은 믹서를 여덟 대나 주문한 맥도널드 형제를 찾아가 동업을 제안한다. 맥도널드 형제는 이미 11개의 프랜차이즈 계약을 한 상태였지만, 레이 크록은 자신과의 프랜차이즈는 차원이 다를 것이라 장담한다. 양측은 변호사를 대동하고 만나 계약 조건을 결정했다. 매장 이름을 비롯해 메뉴, 매장

구조, 운영 방식, 상징물인 금색 아치까지도 형제가 쓰던 그대로 계승하기로 합의했다. 레이 크록은 맥도널드를 '엔터테인먼트가 넘치는 새로운 미국 교회로 만들겠다'는 비전을 제시하고 실행에 나섰다. 교회처럼 매주 가족이 반드시 함께 방문하는 곳이 되겠다는 의미였다. 장담대로 레이 크록은 맥도널드 매장을 음식과 재미가 있는 엔터테인먼트 하우스로 만들어 세계 최대 식품 기업으로 성장시켰다. 이런 까닭에 많은 사람이 1955년 4월 15일에 레이 크록이 만든 1호점을 맥도널드의 시작으로 인정한다.

레이 크록이 맥도널드 형제와의 동업을 주도하고 차후에 전체 사업권을 넘겨 받는 핵심적인 계기는 해리의 결정적인 한 마디에 있었다. "맥도널드는 햄버거 장사가 아니라 부동산 사업이다."

형제가 운영할 당시 맥도널드 프랜차이즈 수익 모델은 본사가 교육 훈련 시스템과 운영 노하우를 제공하고, 나머지는 가맹점주가 책임을 지는 구조였다. 점주가 지역과 부지를 선택하고 20년 임대 계약을 맺은 뒤 건축 대출을 받아 건물을 짓고 장사를 했다. 하지만 해리는 레이 크록에게 "햄버거가 조리되는 '땅'을 소유하라"고 조언했다. 부지를 구매해 지점에 임대하되 레이 크록에게만 땅을 임대하는 형태로 맥도널드와 계약을 맺도록 했다. 해리는 레이 크록이 이렇게 할 경우에만 '임대권 취소' 등의 막강한 수단을 쥐면서 가맹점주를 컨트롤할 수 있다고 했다. 프랜차이즈 본사 입장에서 안정적이고 꾸준한 매출을 거두면서 자본 조달을 통해 사업을 확장할 수 있는, 말하자면 은행과 지점 모두를 손에 쥘 수 있는 묘안을 제시한 것이다.

이후 레이 크록은 '프랜차이즈 리얼티 코퍼레이션'이라는 부동산 회사를 차리고 맥도널드와 독점 계약을 맺었다. 이 과정에서 레이 크록

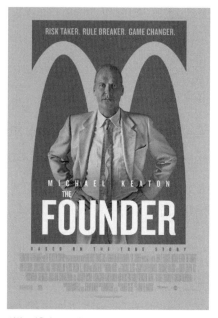

영화 <파운더> 포스터. 2016년. 필름네이션엔터테인먼트 제작

이 맥도널드 형제의 뒤통수를 치면서 자연인 맥도널드와 법인 맥도널드의 운명이 교차한다. 관계가 틀어진 맥도널드 형제와 레이 크록은 1961년에 결정적 계약으로 갈등을 매듭짓는다. 맥도널드 형제는 연 0.5%의 로열티를 포기하고 맥도널드 상표권까지 모두 넘기는 대가로 레이 크록에게 현금 270만 달러를 요구했다. 30년 동안 일한 대가로 세금을 떼고 각기 100만 달러씩 나눠 갖겠다는 계산이었다. 당시 형제가 받던 로열티 금액으로 따지면 15년어치를 단번에 받는 셈이었다. 어마어마한 금액이었지만 레이 크록은 이로써 그들과의 관계를 말끔

히 정리했다. 물론 맥도널드 형제도 막대한 부를 움켜쥐고 은퇴했으니 크록에게 사업권을 넘긴 것을 후회하지 않았을지 모른다. 하지만 만약 그들이 현금 270만 달러 대신 연 0.5%의 로열티로 합의했다면 어땠을까? 15년 뒤인 1976년에는 50만 달러, 1980년에는 500만 달러, 지금 같으면 매년 1억 달러 이상의 수입을 올렸을 것이다.

부가 가치를 노린 엔터테인먼트의 부동산 전략

한국에서도 엔터테인먼트와 부동산의 결합이 활발하게 이뤄졌다. 특히 한국에 글로벌 커피 브랜드가 성장하기 시작한 2000년 이후, 커피와 식음료 프랜차이즈를 위주로 엔터테인먼트와 부동산 비즈니스의 절묘한 결합이 본격화됐다.

최대 규모의 커피 프랜차이즈로 이름을 날린 카페베네는 초기부터 엔터테인먼트 기업인 IHQ(싸이더스HQ)와 함께 토종 커피 프랜차이즈 사업에 진출했다. 2008년 사업을 시작한 카페베네는 창업 초기부터 스타벅스와 커피빈 등 외국 브랜드들이 주도하던 시장에서 두각을 나타내면서 토종 브랜드로는 최다 가맹점을 유치하는 등 승승장구했다. 당시 카페베네는 '추풍령 감자탕' 브랜드로 부동산 정보를 활용한 가맹 사업에서 성과를 낸 김선권 사장과 '할리스' 커피 프랜차이즈를 창업한 강훈 사장이 의기투합해 출범했다. 초기부터 가맹점 모집을 위해 IHQ의 배우를 적극 활용하는 등 엔터테인먼트와 결합해 시너지를 극대화한 덕분에 카페베네는 단기간에 가맹점 800개를 넘어섰고 매출액도 1,000억 원을 돌파했다.

더 자세히 들여다보자. 카페베네는 먼저 입지가 좋은 부동산에 가맹 본부와 안테나숍을 세웠다. 최초 가맹점으로 선택한 곳은 당시 유동 인구가 가장 많았던 압구정 로데오거리였다. 이곳에는 지하에 배우 지망생들이 교육을 받는 IHQ아카데미가 있어 이른바 '물 좋은' 남녀가 많은 덕을 톡톡히 볼 수 있었다. 카페베네 가맹 사업 본부와 이를 위탁받은 부동산 컨설팅 업체는 이 같은 엔터테인먼트의 부가 가치를 적극 홍보하면서 가맹점주와 건물주를 설득하는 전략을 취했다. 엔터테인먼트와 카페가 결합하면 매출은 물론이고 부동산 임대료와 가격도 높일 수 있다는 제안이었다. 말하자면 건물주에게 1층 매장을 카페베네로 바꾸면 사람들 유입이 많아져 다른 층의 임대료도 올릴 수 있다고 접근하면서 임대료나 계약 조건에서 파격적인 혜택을 요구하는 식의 거래가 성행했다.

이처럼 엔터테인먼트가 지닌 확장성은 식음료 프랜차이즈뿐 아니라 다양한 형태의 부동산과 결합해 유동 인구를 늘리고 가치를 높이는 방식으로 적극 활용되고 있다. 시내 대형 쇼핑몰이 생길 경우, 극장과 공연장 등 엔터테인먼트 플레이스의 포함 여부는 분양 사업의 성공 가능성, 임대료와 조건 등을 좌우하는 결정적인 요소가 된다.

하지만 앞서 논한 바와 같이 엔터테인먼트가 지닌 특성 중 확장성과 함께 반드시 고려해야 할 것이 바로 휘발성이다. 커피 프랜차이즈의 경우 확장성을 지나치게 기대한 탓일까. 카페베네에서 의기투합했던 강훈 사장은 망고식스를 창업해 성장시키던 중 안타깝게도 세상을 등졌고, 토니버거 등 프랜차이즈 사업을 계속하던 김선권 사장도 집이 경매로 넘어가는 등 어려움을 겪었다. 엔터테인먼트와 부동산의 절묘한 궁합은 어디까지나 일시적인 효과일 뿐, 사업의 지속 가능성을 담보할 수는 없어 보인다.

그러면 해외 커피 브랜드는 어떻게 운영될까. 대표적인 글로벌 커피 브랜드 스타벅스는 프랜차이즈업을 하지 않는다. 즉, 가맹점을 두지 않고 직영 매장만 운영한다. 개별 계약마다 다르겠지만 일반적으로는 건물주에게 임대료를 내지 않고 매출을 나누는 형태로 장기 계약을 맺는다. 건물에 입점할 때 직접 인테리어를 하고 계약 기간 동안 임대료는 따로 내지 않고 매장 매상의 15% 전후를 건물주에게 준다고 하니 건물주 입장에서는 '공생'으로 인식할 수 있다.

대형 백화점 1층을 장식하는 해외 명품 브랜드는 어떨까. 이들도 인테

127

리어 비용을 직접 지불하고 장기 계약을 맺을까? 안타깝게도(?) 아직까지 해외 명품 브랜드는 국내 백화점에서 엄청난 '갑'의 호사를 누리는 듯하다. 입점을 간절히 바라는 백화점 측은 명품 브랜드가 원하는 평수까지 제안 받아 그에 맞춰 공사를 해 준다고 한다. 물건 값의 40% 전후로 백화점에 내는 수수료도 명품 매장은 예외라고 하니, 브랜드 파워를 통한 협상력이 얼마나 중요한지는 다시 강조해도 지나치지 않다. 한편으로는 해외 명품 매장에서 폭리를 지불하고 아래 식품 매장에서 할인 품목을 고르는 우리의 소비 행태가 자초한 현상이라는 점에서 씁쓸하기도 하다.

캐릭터 비즈니스와 엔터테인먼트의 결합

미키마우스, 뽀로로, 푸, 스누피, 둘리, 헬로키티, 포켓몬, 라바, 앵그리버드. 우리는 이들을 '캐릭터 *Character*'라 부른다. 캐릭터는 원래 사람의 성격을 의미하지만, 소설이나 연극의 등장인물, 더 나아가 만화나 애니메이션, 게임에 등장하는 가상의 생명체까지 통칭한다. 현실과 가상을 아우르며 성격과 특징을 지니고 생명력을 갖게 된 모든 객체가 캐릭터인 것이다.

최근 엔터테인먼트 산업 영역은 사람에 국한하지 않고 가상의 캐릭터로까지 촘촘하게 발전하고 있다. 실제로 캐릭터는 11개로 분류되는 콘텐츠 산업 중 하나로 인정받으며 2017년 기준 매출 10.5%, 수출 9.4%를 차지하는 매우 중요한 분야기도 하다.

캐릭터라는 단어를 비즈니스에서 최초로 사용한 인물은 미국의 만화

그림 13 | 2017년 콘텐츠 산업 성과 및 분야별 비중

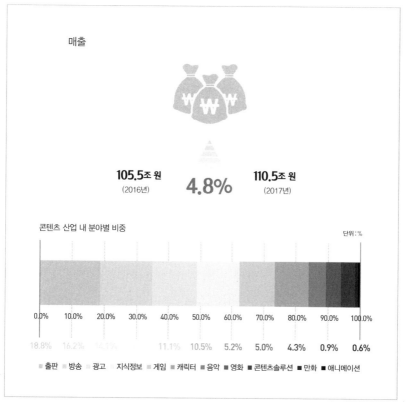

매출

105.5조 원
(2016년)

4.8%

110.5조 원
(2017년)

콘텐츠 산업 내 분야별 비중

단위 : %

| 0.0% | 10.0% | 20.0% | 30.0% | 40.0% | 50.0% | 60.0% | 70.0% | 80.0% | 90.0% | 100.0% |

18.8% 16.2% 14.1% 11.1% 10.5% 5.2% 5.0% 4.3% 0.9% 0.6%

■ 출판 ■ 방송 ■ 광고 ■ 지식정보 ■ 게임 ■ 캐릭터 ■ 음악 ■ 영화 ■ 콘텐츠솔루션 ■ 만화 ■ 애니메이션

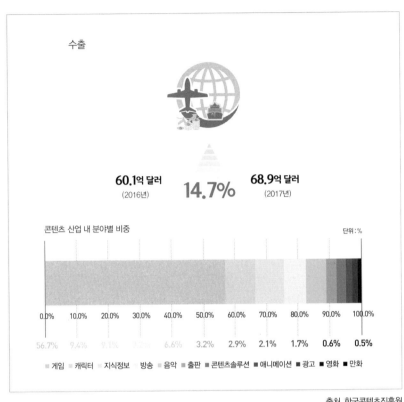

수출

60.1억 달러
(2016년)

14.7%

68.9억 달러
(2017년)

콘텐츠 산업 내 분야별 비중

단위 : %

0.0% 10.0% 20.0% 30.0% 40.0% 50.0% 60.0% 70.0% 80.0% 90.0% 100.0%

56.7% 9.4% 2.1% 6.6% 3.2% 2.9% 2.1% 1.7% 0.6% 0.5%

■ 게임 ■ 캐릭터 ■ 지식정보 ■ 방송 ■ 음악 ■ 출판 ■ 콘텐츠솔루션 ■ 애니메이션 ■ 광고 ■ 영화 ■ 만화

출처_한국콘텐츠진흥원

가이자 애니메이션의 대명사 월트 디즈니다. 미키마우스를 탄생시킨

월트 디즈니는 형 로이 디즈니와 함께 1923년 '디즈니 브라더스 스튜

디오'를 창업했다. 디즈니는 1928년 미키마우스에 목소리를 더빙한

세계 최초 유성 애니메이션 영화 〈스팀보트 윌리〉를 공개해 큰 인기를

끌었다. 덕분에 다른 제조 업체로부터 주인공 미키마우스를 제품에 넣

130

어서 판매하겠다는 제안을 받았고, 이를 수락하면서 캐릭터 사용료를 받기 시작했다.

캐릭터 사업은 저작권자가 타인에게 사용을 허락하여(Licensing) 캐릭터 상품을 제작 판매하는(Merchandising) 것을 말한다. 사업 주체는 저작권자*Licensor*, 저작권 대행자*Sub licensor*, 상품화권자*Licensee*다. 제작 판매에 따른 캐릭터 사용료*Royalty*는 외국이 평균 9~15%, 국내는 5~8% 정도다.

한국창조산업연구소에 따르면 미키마우스는 매년 연봉으로 6조 원을 거둔다고 한다. 이제 90대에 접어든 미키마우스는 미국 저작권법의 역사와 맥을 같이해 왔다. 미국의 초기 저작권은 1790년 유효 기간 14년에서 출발해(저작권자가 만료일에 생존한 경우 14년 추가 신청 가능) 미키마우스가 탄생한 1928년에는 최대 56년까지 보호받을 수 있었다. 1976년에는 저작권자의 사망 이후 50년까지 인정됐고 이미 출판된 저작물은 최대 75년까지 연장할 수 있게 됐다. 이로 인해 미키마우스의 저작권은 2003년까지 늘어났다. 하지만 다시 1998년에 미국 의회를 통과한 미국 저작권법은 1978년 이후 생성된 저작권의 보호 기간을 저작권자 사후 50년에서 70년으로, 기업 저작권은 최초 발행일로부터 95년까지 연장했다. 일명 '미키마우스법'으로 불리는 이 법으로 인해 미키마우스의 저작권은 탄생 95년을 맞는 2023년까지로 늘어났다.

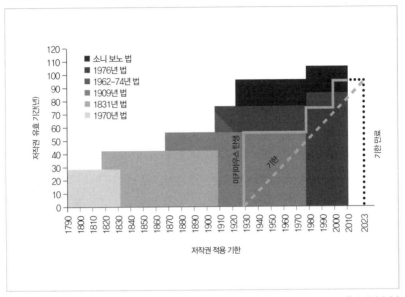

🔗 그림 14 ┃ 저작권 기한과 미키마우스 곡선

출처_위키피디아

이처럼 가상의 생명체인 캐릭터도 사람과 마찬가지로 계약을 통해 비
즈니스가 이뤄지며 저작권 기간이 존재한다. 이 같은 계약과 권리의 문
제를 합리적으로 관리하는 일이 바로 '캐릭터 매니지먼트'다. 그런데
캐릭터 매니지먼트와 스타 매니지먼트에는 커다란 차이가 있다. 힌트
를 준다면, 스타에겐 있지만 뽀로로에겐 없는 것.

가수나 배우처럼 사람을 상대로 하는 매니지먼트 비즈니스에는 항상
우발적인 리스크가 존재한다. 음주 운전, 스캔들, 마약, 도박 등 잊을

만하면 불거지는 스타들의 이슈는 이들이 상품이나 제품이 아니라 감정을 가진 사람이기 때문에 발생한다. 사람은 성장하고 진화하면서 끊임없이 변화하기 때문에 연예인과 회사 사이에 배신과 갈등의 리스크 역시 상존한다. '노예 계약'과 같은 악성 계약 형태도 사람 간의 갈등을 두려워한 탓에 발생한 부작용이다.

이와는 다르게 미키마우스나 뽀로로 같은 캐릭터의 가장 큰 장점은 안정성이다. 권리만 잘 정비해 놓으면 회사와 갈등을 빚거나 회사를 배신하지 않는다. 연예인들처럼 돌발 행동이나 부상, 스캔들의 리스크가 전혀 없고, 각종 부가 사업의 초상권을 놓고 다툴 일도 없다. 여러 캐릭터 중 하나만 잘나가도 아이돌 그룹 멤버들처럼 질투나 시샘이 생겨날 염려도 없다.

캐릭터가 사람과 다른 특징으로 '늙지 않는다'는 점도 빼놓을 수 없다. 백설공주는 1934년에 만화화되었고, 인어공주는 1989년 애니메이션 영화로 등장한 이래 지금까지 이어져 온다. 아이들의 친구 도라에몽 역시 1969년생이니 부모 세대의 인기가 대물림 되고 있다. 그뿐인가. 얼마 전 한국 영화계를 평정했던 〈어벤져스: 인피니티 워〉의 캡틴 아메리카는 1941년생, 슈퍼맨과 배트맨은 각각 1938년, 1939년생이다. 이 같은 생명력의 지속성 때문에 캐릭터를 활용한 광고 효과가 연예인을 등장시킨 것보다 낫다는 연구 결과도 있다.

133

게임과 영화의 위험한 이종 교배

늙지도 죽지도 않는 캐릭터는 만화와 애니메이션뿐 아니라 게임과 영화를 오가며 다양한 형태로 생명력을 이어 간다. 하지만 엔터테인먼트 특유의 휘발성은 캐릭터의 수명을 순식간에 단축시켜 버릴 수도 있다. 이 때문에 스토리와 캐릭터를 소재로 한 게임과 영화의 '이종 교배'는 쉼없이 계속되었지만 때론 참담한 결과를 낳기도 했다. 디즈니와 마블, 드림웍스 등 할리우드의 거대 엔터테인먼트 공룡들은 스크린에 만족하지 않고 플레이스테이션과 X박스 같은 게임 플랫폼과 관계를 맺으며 미디어 콘텐츠 사업을 주도해 오고 있다. 배트맨, 아이언맨, 캡틴 아메리카, 스파이더맨, 슈퍼맨 등 만화 원작이 영화화되고 게임화돼 전 세계로 뻗어 나갔고, 슈퍼 마리오, 더블 드래곤, 스트리트 파이터, 모탈컴뱃, 던전&드래곤 등의 게임 캐릭터는 인간 배우를 캐스팅해 실사 영화를 제작했다. 그러나 수익은 신통치 않았다.

1993년 제작된 영화 〈슈퍼 마리오〉는 블록버스터 시대의 개막과 함께 게임을 실사 영화화한 할리우드의 첫 번째 시도였다. 하지만 원작 게임 캐릭터와는 다소 동떨어졌다는 평가에 4,800만 달러의 제작비로 2,000만 달러의 수입을 올리는 데 그쳤다. 같은 해 테크노스 저팬의 아케이드 게임을 영화화한 〈더블 드래곤〉 역시 1,600만 달러의 제작비를 들여 완성했으나 흥행 수입은 200만 달러에 그쳤다. 청소년을 타깃으로 영화를 제작하면서 게임의 무거운 느낌을 전달하는 데 한계가 있었다는 평이었다. 2001년 개봉한 〈던전&드래곤〉은 롤플레잉 게임을 기반으로 판타지 세계관에 규칙을 도입한 최초의 영화였지만 흥행에는 참패했다. 5,000만 달러의 제작비를 들였으나 수입은 1,500만 달러에 머물렀다. 이후 2005년 개봉한 〈둠〉도 게임이 원작인 SF 공포 영화였지만 6,000만 달러의 제작비로 약 5,600만 달러를 회수했다. 343인더스트리스의 헤일로는 2015년 거장 리들릿 스콧 감독의 영화로 재탄생했고, 글로벌 히트 게임인 워크래프트와 어새신크리드도 2016년 영화화됐으나 기대만큼 수익을 올리지 못했다.

게임에서 영화로 성공한 대표적 사례는 〈레지던트 이블〉과 〈툼레이더〉 시리즈, 〈스트리트 파이터〉, 〈모탈컴뱃〉, 〈페르시아의 왕자〉 정도를 꼽을 수 있다. 지난 2001년 개봉한 앤젤리나 졸리 주연의 영화 〈툼레이더〉는 크리스탈 다이내믹스가 만든 원작 게임보다 영화로 더 빛을 발했다. 1억1,500만 달러의 제작비로 2억7,400만 달러가 넘는 흥행을 거뒀기 때문이다. 〈툼레이더〉는 2018년 알리시아 비칸데르 주연의 영화로 다시 개봉했는데, 제작비 9,400달러로 2억7,300만 달러의 수익을 올렸다.

캡콤이 만든 게임 바이오하자드는 비디오 게임 원작 영화 사상 가장 성공한 시리즈가 됐다. 2002년 개봉한 폴 앤더슨 감독, 밀라 요보비치 주연의 영화 〈레지던트 이블〉을 통해서다. 3,300만 달러의 제작비로 1

135

억200만 달러의 수입을 기록한 이 영화는 평단에서는 호불호가 엇갈렸지만 게임 원작을 지키며 팬들이 원하는 영화를 만들어 내 호응을 얻는 데 성공했다. 이후 2016년까지 모두 다섯 편의 영화로 만들어졌고 국내에서도 흥행에 성공했다. 캡콤의 게임 스트리트 파이터는 1993년 장클로드 반담 주연의 영화로 제작돼 해외 시장에서 히트하면서 3,500만 달러의 제작비로 9,900만 달러의 수익을 거두었다. 스토리와 캐릭터 모두 게임보다 못하다는 평가를 받았지만 높은 접근성과 인지도 덕분에 유덕화, 장학우 주연의 '홍콩판 스트리트 파이터'로도 제작됐고, 2009년에는 후속작 〈스트리트 파이터: 춘리의 전설〉도 나왔다. 1995

🔗 그림 15 | 게임을 영화화한 사례의 수익 현황

출처_『서울경제신문』

년 네더렐름 스튜디오의 게임 모탈 컴뱃도 영화화돼 북미 시장에서 꽤 인기를 끌었고 1억2,000만 달러의 기록적인 수익을 올렸다. 2006년에는 코나미의 사일런트 힐, IO인터랙티브의 히트맨, 락스타벤쿠버의 맥스 페인 등이 영화화돼 수익을 창출했다. 유비소프트의 게임 페르시아의 왕자는 2010년 제이크 질런홀 주연의 영화로 만들어져 제작비 2억 달러를 크게 웃도는 3억6,900만 달러의 흥행 수입을 기록했다.

그러면 반대로 영화를 게임화한 경우는 어떨까.

1982년 스티븐 스필버그의 영화 〈ET〉를 1983년 아타리에서 게임화한 것을 시초로 볼 수 있다. 당시 아타리는 엄청난 라이선스 금액을 지불했으나 크리스마스 시즌에 맞추기 위해 5주 만에 급조해 출시하는 바람에 흥행에 참패했고, 게임 출시 31년이 지난 뒤 2014년에는 사막에 묻힌 E.T. 게임 팩의 재고가 수만 장 발굴돼 다시 한 번 입방아에 오르기도 했다.

이후 〈007시리즈〉, 〈인디애나 존스〉, 〈스카페이스〉, 〈대부〉, 〈에일리언〉, 〈엑스맨〉, 〈스타워즈〉, 〈쥬라기공원〉, 〈반지의 제왕〉, 〈해리포터〉, 〈아이언맨〉, 〈스파이더맨〉, 〈매드맥스〉, 〈13일의 금요일〉, 〈인셉션〉, 〈메이즈 러너〉 등 여러 실사 영화가 게임으로 출시됐다. 하지만 영화의 흥행에 비하면 기대 이상의 성과를 거둔 게임은 많지 않다. 영화에서 인기를 끈 캐릭터로 주목을 끌 수는 있었지만, 영화의 세계관과

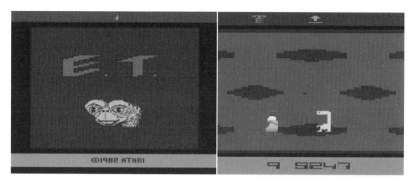
아타리에서 만든 비디오 게임 E.T.의 메인 화면(좌)과 게임 화면(우)

플롯을 게임의 문법에 적용하기는 한계가 있었던 것으로 풀이된다.

사실 앞서 OSMU에서 다룬 것처럼 게임이 영화로 파생되거나 영화가 게임이 된 경우 성공률은 높지 않다. 하지만 게임과 영화의 세계관을 공유함으로써 충성도 높은 팬덤을 유지하려는 시도는 계속되고 있다. 1987년 등장한 일본 스퀘어사의 게임 파이널 판타지는 2001년 영화화되었으나 흥행에 실패했다. 하지만 인간 캐릭터를 100% 컴퓨터 그래픽 기술로 만들어 내면서 새로운 가능성을 열었다는 평가를 받았다. 아직까지 흥행 공식을 세우지는 못했지만 CG, 3D, 모션 그래픽, VFX *Visual Effects* 등의 영화적 기술과 게임 기술이 융합해 시너지를 본격화할 미래가 멀지 않아 보인다.

마블과 디즈니가 불러온 나비효과

아이언맨, 스파이더맨, 캡틴 아메리카, 판타스틱4, 토르, 블랙 팬서, 헐크, 엑스맨, 닥터 스트레인지, 울트론, 블레이드, 앤트맨, 가디언즈 오브 갤럭시. 우리에겐 만화보다 상품이나 영화로 더 익숙한 이들은 모두 1939년 타임리 코믹스로 출발해 1961년에 이름을 바꾼 마블 코믹스가 낳은 캐릭터다.

코믹스에서 출발한 마블 브랜드는 1998년 마블 엔터테인먼트라는 모회사와 마블 스튜디오라는 자매 회사 체제로 그룹화되면서 본격 성장했다. 그리고 10년 뒤 2009년에는 세계 최대 애니메이션 업체인 월트 디즈니 컴퍼니가 마블 엔터테인먼트를 40억4,000만 달러에 인수하면서 마블의 영화, 게임, TV, 캐릭터 상품 등은 전 세계로 급격하게 뻗어 나갔다. 최근 10년간 한국에서 마블 영화가 1억 명 넘는 관객을 모으고, 아이들 장난감부터 의류, 식품, 스포츠 용품까지 마블 캐릭터들이 즐비한 세상이 된 건 E&M 모델의 원조 격인 월트 디즈니 그룹의 영향력 때문이다.

1923년 애니메이션 제작사로 설립된 월트 디즈니는 현재 세계 최대 종합 엔터테인먼트 그룹이자 워너 미디어에 이은 2대 미디어 그룹의 위상을 지키고 있다. 2006년 스티브 잡스가 만든 픽사 스튜디오를 인수한 데 이어 2009년에는 마블 엔터테인먼트를, 2012년에는 루카스

필름을 차례로 인수했다. 2018년에는 한화 79조 원이 넘는 천문학적인 자금을 동원해 20세기 폭스까지 사들였고, 미디어 계열사로 ABC, ESPN 등의 방송국을 소유하고 있다. '뭉쳐서 더 강해지는' 건 어벤져스나 가디언즈 오브 갤럭시의 캐릭터만이 아니다. 마블 엔터테인먼트가 마블 코믹스 캐릭터로 영화를 제작하고, 월트 디즈니가 이를 전 세계로 배급하며, ABC과 ESPN 방송국이 대대적으로 광고하고 송출하는 거대한 네트워크를 통해 마블과 월트 디즈니는 세계에 우뚝 설 수 있었다.

사실 마블에 탄탄대로만 있었던 것은 아니다. 마블은 경영이 어려웠던 1996년 말 몇몇 인기 캐릭터의 전체 권리 또는 영화 등의 부분 권리를 다른 스튜디오에 팔았다. 대표적으로 스파이더맨과 베놈을 소니픽처스에 넘겼고, 데드풀과 울버린, 엑스맨은 20세기 폭스로 보냈다. 헐크는 유니버설픽처스로 갔다. 그러나 이후 마블은 소니픽처스와 재협상을 통해 영화 〈스파이더맨: 홈커밍〉(2017)과 〈베놈〉(2018)을 만들었다. 〈헐크〉의 배급 권한을 가져간 유니버설픽처스는 〈인크레더블 헐크〉(2008) 이후 헐크 단독 주연의 영화를 제작하지 않고 있다. 2018년 마블 엔터테인먼트의 모기업인 월트 디즈니가 20세기 폭스 인수를 발표한 만큼, 엑스맨, 판타스틱4, 울버린, 케이블, 실버서퍼 등이 '마블 시네마틱 유니버스'에 합류할 날도 멀지 않아 보인다.

강하지만 인간적인, 마블의 캐릭터와 세계관

한국 엔터테인먼트 업계, 특히 영화계에서 마블의 영향력은 각별하다. 2018년 개봉 영화 중 유일하게 천만 관객을 돌파한 〈어벤져스: 인피니티 워〉(1,100만 명)와 흥행 2위의 〈블랙팬서〉(540만 명)는 물론이고, 10위권 안에 든 〈데드풀2〉도 마블 코믹스의 만화를 마블 스튜디오와 20세기 폭스가 함께 영화화한 작품이었다. 세계적으로 두터운 팬덤을 자랑하는 마블의 매력은 무엇일까.

마블 코믹스는 자신들의 캐릭터와 스토리를 통해 사회 변화와 이슈에 적극적으로 대응해 온 것으로 유명하다. 단순 트렌드뿐 아니라 그 시대를 관통하는 시대정신 역시 마블의 캐릭터가 표현해 왔다는 평가다. 대표적인 예로 마블의 간판 캐릭터 캡틴 아메리카에는 미국을 향한 애국심이 그대로 반영돼 있다. 제2차 세계 대전에 참전했던 마블의 스탠리 회장 본인처럼, 캡틴 아메리카가 처음 등장한 1941년은 미국이 일본의 진주만을 공습한 해였다. 1960년대 등장한 스파이더맨과 엑스맨은 방사능 등 첨단 과학 기술이 일으킨 사고와 부작용을 캐릭터에 담았다. 스파이더맨 시리즈에서는 마약 문제와 인종, 소수자 차별 문제도 여과 없이 등장한다. 1980년대에는 금기시 되던 성 소수자 문화를 받아들여 캡틴 아메리카 에피소드에서 옛 친구 중 하나를 게이로 설정했고 이후엔 동성애 커플을 등장시키기도 했다. 2010년 이후로는 여성 캐릭터의 성적 매력을 부각하는 기존 틀을 탈피해, 원더우먼처럼 여성의 육체적 매력을 강조하던 DC코믹스와의 차별화에 성공했다는 평가를 받기도 했다.

마블은 캐릭터의 약점과 인간적 고뇌를 통해 드라마적 요소를 높이는 데도 유능했다. 실수로 삼촌을 죽이고 괴로워하는 스파이더맨, 자신이 사랑하는 나라가 추악한 짓을 저질렀고 옳다고 판단했던 행위가 오히려 상황을 악화시켰다며 절규하는 캡틴 아메리카, 자신 때문에 벌어진 사고를 수습하기 위해 친구를 속이며 갈등하는 아이언맨, 자연과 지구 환경을 훼손하는 자신의 존재를 한탄하는 헐크 등 거의 모든 캐릭터에 시대적, 상황적 모순이 투영된다. 〈엑스맨〉에서 자신들을 혐오하는 인간의 손을 잡을 것인가 적대할 것인가 고민하는 변종 인간 뮤턴트의 모습에서는 사회적 약자와 소수자의 고민도 엿보인다.

전 세계로 페미니즘이 확산되고 '미투' 열풍이 뜨겁게 달아올랐던 2018년, 마블 스튜디오의 수장 케빈 파이기는 "앞으로 마블 영화의 절반 이상이 여성 히어로로 채워질 것"이라고 밝혔다. 2019년 공개되는 〈캡틴 마블〉을 시작으로 블랙위도우 단독 영화가 제작되며, 남성의 전유물처럼 여겨지던 영화 감독 역시 여성 비율이 늘어날 것이라고 했다. 흑인 히어로 블랙팬서로 2018년 대히트를 친 데 이어, 이후에는 무슬림 여성 히어로인 미즈 마블 캐릭터 역시 영화로 제작하겠다고 밝힌 마

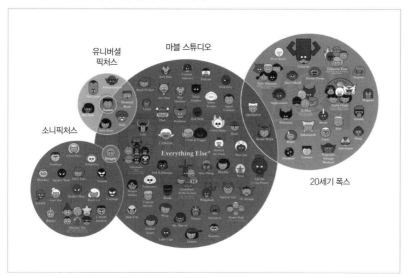

블. 백인 남성 히어로물 위주의 풍토가 당장 사라지진 않겠지만 소수
자와 비주류를 넘나드는 엔터테인먼트의 다양성을 지켜 가려는, 시대
조류에 발맞추려고 하는 모습만은 역력하다.

이처럼 마블의 캐릭터들은 '마블 시네마틱 유니버스*Marvel Cinematic Universe,*
*MCU'*라는 하나의 세계관 속에 살고 있다. 마블 시네마틱 유니버스는
2008년 〈아이언맨〉을 기점으로 본격 출범한 마블의 가상 세계관이자
미디어 프랜차이즈다. 마블 코믹스의 만화를 마블 스튜디오가 영화로

143

제작하는 마블 시네마틱 유니버스는 영화, 드라마, 만화, 피규어, MD 등을 포괄 공유하고 있다. 특히 폭발력이 강한 마블의 영화는 케빈 파이기 마블 스튜디오 사장과 제작위원회가 전체적인 윤곽을 짠 뒤 작품별, 단계별로 감독에게 제작을 맡기는 형식을 택해 왔다.

마블 시네마틱 유니버스의 세계관을 반영하듯 마블은 다른 곳에 존재하던 히어로들을 〈어벤져스〉(2012)로 한자리에 모았고, 머나먼 우주에서 활약한 〈가디언즈 오브 더 갤럭시〉(2014)까지 〈어벤져스: 인피니티 워〉(2018)에 합류시켰다.

자투리 생각_비주류에서 절대 주류로. 스탠 리 마블 회장의 삶과 철학

최근 10년간 글로벌 엔터테인먼트 업계에서 가장 영향력 있는 사람은 누구일까. 아마도 많은 사람이 마블의 명예 회장 스탠 리를 꼽을 것 같다. 그는 캐릭터와 코믹스, 피규어, 영화로 이어지는 새로운 엔터테인먼트 산업의 성장 스토리를 쓴 인물이다. 캡틴 아메리카, 아이언맨과 엑스맨, 스파이더맨, 헐크, 판타스틱4, 토르, 블랙 팬서 등 그가 80여 년간 마블과 함께 만든 캐릭터는 8,000여 개에 이르고, 수많은 만화는 75개국에서 25개 언어로 번역돼 전 세계로 확산됐다.

스탠 리는 1922년 뉴욕에서 태어났다. 본명은 스탠리 마틴 리버(Stanley Martin Lieber). 고졸 출신인 그는 17세에 삼촌이 일하는 출판사 타임리 코믹스(마블 코믹스의 전신)에 사무 보조로 취직했는데 거기서 원치 않게 배정 받은 부서가 만화부였다. 그 무렵 만화 작가는 작가로 인정받기는커녕 직업인으로도 무시 당하는 분위기였고, 스탠 리는 멋진 소설을 쓰고 싶어 하는 무명 작가였다. 그는 만화 작가로 자신의 이름을 오염시키면 안 된다고 생각해 자신의 이름 스탠리(Stanley)를 나눈 스탠 리(Stan lee)를 필명으로 만화를 시작했다. 훗날 그는 이 어리석은 필명을 개명까지 하면서 계속 쓰게 됐다고 회고했지만 말이다.

스탠 리가 합류하기 전 타임리 코믹스는 스타 캐릭터 없이 비주류 영웅을 만들어 내던 프리랜서 작가들의 집합이었다. 슈퍼맨, 원더우먼으로 업계를 선도하던 DC코믹스에 크게 뒤처져 있었지만. 그가 캡틴 아메리카의 스토리 작가로 합류하면서 본격적으로 성장하기 시작했다. 실제로 타임리 코믹스는 캡틴 아메리카를 만든 조 사이먼과 잭 커비로를 DC코믹스에 빼앗기기도 했다. 배트맨과 슈퍼맨이 전성기던 무렵 이들은 스탠 리에게도 DC코믹스로 오라고 러브콜을 보냈으나 스탠 리는 홀로 지구를 구하는 슈퍼 히어로가 식상하다며 거부했다.
대신 스탠리는 자신의 캐릭터에 인간미를 부여했다. 히어로들에게 약점을 주어 극의 드라마적 요소를 살리는 방식이 대표적이다. 스파이더맨은 평범한 여인과의 사랑에 흔들리고, 아이언맨은 심장 마비 우려에 시달리며, 무자비한 헐크는 이중인격과 분노 장애를 가지면서 자신의 존재 의미를 부정했다.

"코믹스의 기술은 가능한 한 가장 매력적인 방법으로 흥미로운 이야기를 하는 것." 스탠 리는 이처럼 단순하고 전지전능한 캐릭터에는 별다른 매력과 흥미를 느끼지 못했다. 바로 이런 점이 마블 캐릭터에 더 크고 긴 생명력을 부여했다. 이는 그리 순탄치 못했던 그의 젊은 시절과 궤를 같이하는 것으로 보인다. 버젓한 학력도, 여성들에게 인기도 많지 않았던 그는 인간의 한계를 뛰어넘는 상상의 캐릭터에 더욱 몰두했고, 그가 배출해 낸 많은 히어로 캐릭터들에는 늘 인간적인 면모가 따라다니게 되었다.

경영자가 된 스탠 리는 경영 철학도 남달랐다. 그는 글과 그림뿐만 아니라 색칠하고 교정하는 스태프들까지 작가 영역에 포함시켰다. 작가와 독자 간의 벽을 허무는 다양한 전시회와 미팅을 열어 마니아 위주던 코믹스 산업을 대중화시키는 데도 앞장섰다. 더 나아가 마이티 마블 유니버스(Mighty Marvel Universe), 마블 시네마틱 유니버스(Marvel Cinematic Universe) 등으로 불리는 가상 세계관이자 미디어 프랜차이즈를 공동으로 창립했다. 2018년까지 마블 엔터테인먼트의 명예 회장과 POW엔터테인먼트 회장을 맡았고, 많은 재산을 사회에 공헌했다.

2018년 11월 13일. 스탠 리 회장은 95세로 영면에 들었다. 많은 영화에서 카메오로 출연하며 왕성한 노년을 보내던 그 역시 세월의 무게를 견뎌 내지는 못했다. 경비원, 우편배달부, 행인, 클럽 디제이, 파티에서 쫓겨나는 술 취한 퇴역 군인, 젊은 여성을 탐하는 엉뚱한 노인 등으로 작품 속에 등장한 그를 발견하는 것은 영화를 보는 관객에게 또 다른 즐거움을 선사했었다.

만약 그가 세상이 무시하던 만화 작가를 포기하고 셰익스피어 같은 대문호가 되길 원했다면, 그가 화려한 청년 시절을 보내면서 우울한 상상력을 펼칠 기회가 없었더라면, 세계 엔터테인먼트의 역사는, 세계 영화계의 역사는 어떻게 달라졌을까. 〈아이언맨〉 영화는 보지 않았어도 아이언맨을 알고 아이언맨이 그려진 티셔츠와 양말을 즐겨 착용하는 아이들의 옷에는, 어떤 다른 그림이 그려져 있을까.

3장
K팝으로 엿본 한국 엔터테인먼트의 성공 방정식

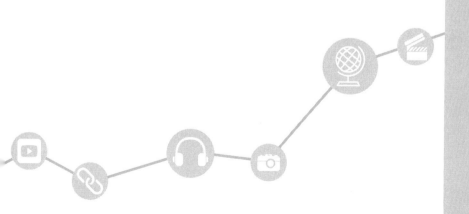

1.
한국식 자본주의가 만든 K팝

'사람과 돈'. 한류와 K팝 열풍으로 대표되는 한국식 엔터테인먼트의 성공 방정식은 이 두 요소가 어떻게 결합해 엔터테인먼트 상품을 만들어 내느냐 하는 상호 작용의 문제다.

코스피와 코스닥이 통합된 매우 중앙 집중적인 시장. 수많은 개미들이 직접 투자하는 화끈한 시장이 바로 한국의 주식 시장이다. 이곳으로 엔터테인먼트 기업들이 뛰어들어 성공 사례를 보여 주자 국내외로부터 많은 자금이 꾸준히 유입됐다. 한국의 엔터테인먼트가 어엿한 '산업'으로 인정받을 수 있었던 건 결국 대박을 꿈꾸는 숱한 이들의 돈이 씨앗이 되어 한국 엔터테인먼트 시장이라는 비옥한 텃밭에 뿌리를 내렸기 때문이다.

회전율 높은 한국 증시, 엔터테인먼트의 '텃밭'

2000년 4월. 설립한 지 5년 된 SM엔터테인먼트가 한국 엔터테인먼트 기업으로는 처음 코스닥 시장에 이름을 올렸다. K팝이 전 세계로 확산되면서 주가가 급등한 시점은 2012년 전후이므로, 자본 시장에서 꽃을 활짝 피운 건 상장한 지 10여 년이 지난 뒤였다.

지금은 한국 엔터테인먼트 업종의 대장주로 꼽히지만 SM엔터테인먼트가 코스닥 시장에 입성할 때만 해도 엔터테인먼트 기업의 증시 진입은 매우 '혁명적'인 사건이었다. 상장은커녕 기업으로 취급되기도 어려운 관행과 불신에 휘말려 있었다. 당시에는 코스닥 '등록'이라는 이름으로 지금의 '상장'보다 절차도 간소했지만, SM엔터테인먼트는 코스닥 시장 본부의 거절로 한 차례 고배를 마셨다. 2003년에는 통합 엔터테인먼트 기업인 싸이더스HQ가 사명 IHQ로 코스피 시장에 처음으로 우회 상장했다. SM엔터테인먼트가 가수 주축의 음악 진영이라면 싸이더스HQ는 배우와 매니저 진영의 첫 상장이었다. 코스닥 시장이 아닌 코스피 시장 진입은 이후로도 전무후무한 기록이 됐다. 2011년 11월에는 YG엔터테인먼트가 재수를 거쳐 K팝 기업 최초로 코스닥 시장에 정식으로 상장하는 데 성공했고, 이후 FNC엔터테인먼트 등 여러 K팝 기업이 코스닥 시장에 입성했다.

이 같은 엔터테인먼트 기업의 주식 시장 진입은 다른 나라에서는 보기 힘든 풍경이다. 엔터테인먼트 산업을 먼저 이끌었던 미국과 일본에도 대형 유통사들과 수직 계열화된 엔터테인먼트 기업들이 상장돼 있을 뿐, 단일 엔터테인먼트 기획사가 국가를 대표하는 주식 시장에 상장된 사례는 거의 없다.

한국거래소는 규모에선 세계 10위권 밖이지만 거래 빈도나 열기, 집중도에서는 단연 세계 최고 수준이다. 세계거래소연맹[WEF]에 따르면 K팝이 세계적인 붐을 형성하던 2010년과 2011년 한국거래소의 시가 총액, 즉 상장 기업의 규모는 세계 16위였지만 거래 대금 순위는 세계 7

⟨표 8⟩ **세계 거래소 시가 총액 순위**_2018년 7월 기준

(단위: 백만 달러)

순위	거래소	시가 총액
1	NYSE	23 967 449.4
2	Nasdaq-US	11 271 905.5
3	Japan Exchange Group Inc.	6 076 402.3
4	Shanghai Stock Exchange	4 480 259.2
5	Euronext	4 461 634.7
6	LSE Group	4 367 328.8
7	Hong Kong Exchange and Clearing	4 199 416.4
8	Shenzhen Stock Exchange	2 944 978.4
9	TMX Group	2 315 301.3
10	BSE India Limited	2 236 776.3
11	National Stock Exchange of India Limited	2 211 279.9
12	Deutsche Boerse AG	2 202 236.8
13	Korea Exchange	1 608 889.7
14	SIX Swiss Exchange	1 600 428.2
15	Nasdaq Nordic Exchanges	1 523 481.7
16	Australian Securities Exchange	1 447 163.1
17	Johannesburg Stock Exchange	1 097 980.9
18	Taiwan Stock Exchange	1 082 719.4
19	BM&FBOVESPA S.A.	876 656.8
20	BME Spanish Exchange	870 235.7

출처_WEF 월간 보고서

위, 회전율은 세계 3위였다. 회전율(거래량을 상장 주식 수로 나눈 값)은 시장이 얼마나 활발하게 거래되는지를 보여 주는 지표로, 세계 3위라는 숫자는 한국 증시가 다른 시장에 비해 개인 투자자의 비중이 크고 단타 매매가 성행하면서 변동성이 높은 화끈한 시장임을 의미한다. 2018년 7월 현재 한국거래소의 시가 총액 순위는 13위며, 2001년부터 2010년까지 10년간 부동의 1위였던 파생 상품 시장도 10위권 밖으로 밀려났다.

한류 콘텐츠와 K팝을 만들어 낸 수많은 한국의 엔터테인먼트 기업과 아티스트와 제작자들은 한국식 자본 시장에서 끊임없이 명멸을 거듭했다. 그런 가운데 전국적으로 주식 시장에 광풍이 불 때마다 유독 엔터테인먼트 기업들은 횡령, 배임, 사기와 작전에 휘말리는 단골 주체로 등장하곤 했다. 사업의 본질과는 무관하게 외형적 화려함과 연예인의 인지도는 좋은 '재료'로 활용되었고, 감정적인 판단에 치우치기 쉬운 엔터테인먼트 관련 주식에는 특히 많은 '눈먼 돈'이 오갔다. 안타깝게도 무모한 탐욕의 행진에 동참했다가 가장 큰 피해를 본 경제 주체는 기업도 기관 투자자도 아닌 가계를 이끄는 개인이었다.

이처럼 대중과 아주 밀접한 엔터테인먼트 분야는 가수, 음악, 배우, 작품 등이 인기를 얻으면 기업의 본질 가치보다 높게 평가 받기 쉽다. 그러나 그만큼 우려와 불신을 얻기도 쉬운 게 한국 엔터테인먼트 상장 기업의 특수성이자 본질이다. 한류와 K팝은 분명 한국식 자본주의의 산물인 셈이다.

K팝 기획사 빅3의 그룹화 전략

SM엔터테인먼트의 증시 입성을 시작으로 YG엔터테인먼트와 JYP엔터테인먼트도 속속 주식 시장에 진출하며 몸집을 불렸다. 이른바 '빅3'로 불리는 이 기획사들은 음악 제작에서 출발해 유통과 부가 사업까지 병행하면서 자본 시장의 상장, 증자, M&A 등을 적극적으로 추진해 왔다.

2000년 코스닥에 상장한 SM엔터테인먼트는 인수, 합병, 조인트 벤처 설립, 관계사 지분 투자, 전략적 제휴 등 다양한 방식으로 그룹화하면서 글로벌 시장에 진출했다. 2018년 현재 SM엔터테인먼트의 상장 자회사는 세 개다. 2012년 여행 업체인 BT&I를 인수해 SM C&C로 사명을 바꾸고 여행업과 배우 매니지먼트, 드라마, 예능 제작 등으로 사업을 다각화했다. 2018년 초에는 배우 배용준이 이끌던 대형 기획사 키이스트와 FNC엔터테인먼트 계열사인 FNC애드컬처를 인수하고 SM라이프디자인그룹으로 이름을 바꿨다. 모델 에이전시 에스팀과, 손연재, 추신수, 안신애 등이 소속된 스포츠 매니지먼트 업체 갤럭시아SM, 가수 윤종신의 미스틱 엔터테인먼트, FNC엔터테인먼트도 계열사로 두고 있다.

SM엔터테인먼트의 공격적인 투자가 모두 성공한 것은 아니었다. 2006년과 2007년에 각각 DVD 사업과 인터넷 기반 커뮤니티 서비스에 투자했다가 한두 해 만에 중단하기도 했다.

YG엔터테인먼트는 2011년 상장 후 엔터테인먼트 사업과 함께 화장품과 의류 사업에 집중적으로 투자하면서 지속적으로 다각화를 추진했다. 2014년 여름에는 세계 최대 패션 그룹인 루이뷔통 그룹 산하 금융사로부터 대규모 투자를 유치하면서 글로벌 패션 부문으로도 발을 넓혔다. YG엔터테인먼트와 루이뷔통 모에 헤네시*LVMH*그룹은 지드래곤의 2009년 솔로 데뷔 앨범 당시 프로젝트 의류 스폰서로 계약을 맺기도 했다.

또한 2014년 하반기에는 제일모직과 함께 의류 라인인 노나곤을 론칭하면서 패션 기업으로 도약을 시도했고, 새로운 회사를 설립하면서 화장품 비즈니스도 강화했다. 2015년에는 상장사 휘닉스홀딩스를 인수해 사명을 YG플러스로 바꾸고 모델, 화장품, 골프, 외식 사업 등을 펼쳤다.

JYP엔터테인먼트는 2011년 가수 비가 대주주던 제이튠엔터테인먼트를 인수한 뒤 경영진과 사명을 바꾸면서 우회적인 방법으로 코스닥에 상장했다. 과거 미국 시장에도 야심 차게 뛰어들었으나 한식업을 하는 JYP Foods,Inc와 미국 현지 음반, 음원 제작 및 매니지먼트 법인 모두 성과를 거두지 못하고 청산했다.

글로벌화와 현지화를 통한 제휴와 분산 전략

SM엔터테인먼트의 일본 진출이 결실을 맺은 뒤 자신감을 얻은 K팝 기획사들은 5, 6년의 시차를 두고 저마다 해외 진출을 시도했다. 이 과정에서 일본 메이저 유통사들과 K팝 아이돌들 간의 제휴 및 경쟁 관계가 엇갈리기도 했다. SM엔터테인먼트가 저작권이 잘 정비된 일본 시장부터 집중 공략했다면, YG엔터테인먼트와 JYP엔터테인먼트는 미국 주류 무대를 두드려 보기도 했다.

한국의 K팝 기업이 일본에 본격 상륙한 건 2001년이다. SM엔터테인먼트가 가수 보아를 시작으로 일본 최대 음악 기업인 에이벡스*AVEX*와 협업을 펼치면서였다. 에이벡스 그룹은 1988년 설립돼 수입 음반 도매업을 가장 먼저 시작하면서 일본 최대 음악 및 엔터테인먼트 기업으로 성장했다. 일본 최고 스타 아무로 나미에, TRF, 하마사키 아유미 같은 슈퍼스타를 발굴했으며, SM엔터테인먼트 외에도 YG엔터테인먼트의 빅뱅, 거미, 세븐, 플레디스의 오렌지 캬라멜, NH미디어의 유키스 등의 일본 활동도 매니지먼트했다.

SM엔터테인먼트는 코스닥 공모 직후인 2001년 1월 일본 현지 법인 SM Japan을 설립했다. 초기에는 주로 에이벡스와 협업하면서도 철저하게 여러 경로로 분산 전략을 펼치며 사업 영역을 넓혀 갔다. 가령 보아, 동방신기, 슈퍼주니어, 에프엑스, 엑소는 오랜 파트너인 에이벡스에게 현지 매니지먼트를 맡겼지만, 이후 일본에 진출한 소녀시대는 유니버설뮤직을, 샤이니는 EMI를 파트너로 택했다.

일본 진출 초기 SM Japan은 보아의 개인 스케줄을 관리하는 정도였고, 음반을 홍보하고 판매하고 공연 매출 전부를 가져간 건 에이벡스였다. 이 같은 협업 전략을 두고 '속 빈 강정'이라는 비판도 많았다. 하지만 동방신기가 빅히트를 치며 사업 규모가 커지자 매출의 10%에 머물던 이익도 증대됐고, 7:3이던 에이벡스와 SM Japan의 배분 비율도 2010년 뒤로는 완전히 뒤바뀌었다.

SM엔터테인먼트와 에이벡스 그룹은 2006년 중국 엔터테인먼트 그룹인 청티엔Chengtian과 함께 베이징에 스막SMAC이라는 이름의 한중일 최초 엔터테인먼트 합작 회사를 만들기도 했다. 에이벡스는 2006년 말 SM엔터테인먼트의 유상 증자에 160여억 원을 투자하면서 주요 주주로 참여하는 등 두 회사는 장기간 활발한 제휴 협력을 펼쳤다.

이후 SM엔터테인먼트는 2008년 미국에, 2012년에는 중국에 현지 법인을 별도로 설립했다.

1998년 설립된 YG엔터테인먼트는 SM엔터테인먼트보다 6년 늦은 2007년 1월에 일본 법인을 설립했다. YG엔터테인먼트는 2004년부터 세븐을 일본, 중국, 동남아, 미국 등에 데뷔시키면서 일본의 언리미티드그룹, 중국의 21세기 엔터테인먼트, 대만의 RS프로모션과 파트너십을 맺었다. 2006년에는 미국에서도 가수 어셔 프로듀서로 유명한 벨러스트 엔터프라이즈와 파트너십을 맺었다. 세븐은 데뷔 초기 대만, 일본 등에서 인기를 얻었지만 상승세는 오래가지 못했다.

YG엔터테인먼트가 현지화 전략을 본격 추진하기 시작한 것은 빅뱅을 일본에 데뷔시키면서였다. 해외 아티스트 개념으로 인디 레이블인 빌리지 어게인과 기본적인 프로모션 활동만 하던 빅뱅은 2008년 8월 유니버설뮤직과 계약하면서 공연장 객석 수에 따라 제프, 홀, 아레나, 돔의 순서로 규모를 키워 가는 일본 특유의 현지화 전략을 구체화했다.

2011년 2월에는 2NE1으로 에이벡스와 계약을 맺고 채널을 다각화했고, 코스닥 상장 직후인 2011년에는 YG엔터테인먼트 전용 레이블 YGEX를 공동 설립해 협업을 강화했다. 이후로도 2012년에는 YG엔터아시아를, 2013년 3월과 8월에는 미국과 중국 베이징에 현지 법인을 신설했다.

1997년 설립된 JYP엔터테인먼트는 SM엔터테인먼트와 비슷한 글로벌 현지화 전략을 펼쳤지만 초기의 주력 지역이 달랐다. JYP엔터테인먼트는 일본이나 중국보다 유럽과 미국 시장에 공을 들였다. JYP엔터테인먼트는 2006년 미국 법인을 설립했고 소속 가수던 비(정지훈)는 뉴욕 메디슨 스퀘어 가든에서 두 번의 공연을 열었다. 2007년에는 16살의 민(현재 미쓰에이 소속)이 4년간 연습 기간을 거쳐 뉴욕에서 데뷔했지만 큰 반향을 얻지 못했고, 미국에서 장기간 홍보 활동을 벌인 원더걸스가 나름 주목을 받았으나 상업적 성과는 미미했다.

2008년에 중국 법인을 설립한 데 이어 K팝 아이돌의 일본 공습이 한창이던 2010년에는 일본 법인을 설립했다. JYP엔터테인먼트는 SM엔터테인먼트-에이벡스, YG엔터테인먼트-유니버설뮤직의 협업 구도 속에서 일본 음악 업계의 또 다른 강자인 소니뮤직과 손잡고 2PM, GOT7 등의 일본 활동을 적극적으로 펼쳤다.

국적을 초월하는 하이브리드 전략

한국의 K팝 기업들은 해외 시장 공략 과정에서 철저하게 '글로컬라이제이션*Glocalization*' 전략을 적극 활용했다.

SM엔터테인먼트는 보아, 동방신기, 슈퍼주니어, 신화 멤버 모두를 일본어로 무장시키고 일본어로 앨범을 발표하는 현지화 전략을 펼쳤다.

특히 보아의 경우 콘텐츠는 SM엔터테인먼트와 보아가 제공했지만 작곡가와 작사가, 안무가로는 일본인이 투입됐고, 일본 자본과 마케팅력이 성공의 가장 큰 원동력이 됐다. 소녀시대, 샤이니, 에프엑스의 음악에는 미국과 유럽 작곡가의 곡을 많이 썼고 안무도 외국 전문가를 투입했다. 한 예로 유럽의 작곡가 그룹 드자인 뮤직_Dsign Music_은 소녀시대의 〈소원을 말해봐〉, 〈런 데빌 런〉, 샤이니의 〈누난 너무 예뻐〉, 〈산소 같은 너〉, 〈더 헤비 웨이츠〉 같은 히트곡을 작곡했다.

그룹 멤버 구성의 '초국적화_Trans-nationalization_'도 주목할 만하다. SM엔터테인먼트는 유닛 그룹인 슈퍼주니어-M에 캐나다 출신 헨리와 중국인 조미, 한경(이후 탈퇴)을 투입했고, 여성 그룹 에프엑스를 론칭하면서 대만계 미국인 엠버와 중국인 빅토리아를 포함시켰다. 2013년 전 세계적으로 폭발적인 인기를 누린 엑소에는 중국인 레이, 타오, 루한, 크리스가 참여했다.

JYP엔터테인먼트는 2PM에 태국계 미국인 닉쿤을, 미쓰에이에는 중국인 지아와 페이를 합류시켰다. DR뮤직 걸그룹 라니아의 조이(현재 탈퇴)와 큐브엔터테인먼트의 걸 그룹 CLC의 손도 태국 국적 멤버다.

2.
K팝은 어떻게 전 세계로 확산됐나

K팝 아이돌의 성장은 단순히 음악적 경쟁력이나, IT, SNS 같은 미디어 확산 논리만으로는 설명되지 않는다. 한국 특유의 비대한 자본 시장, 사회 구조, 세대 간 격차, 정체된 성장 산업, IT 경쟁력, 교육 문제 등이 복합적으로 작용한 결과라고 볼 수 있다. 아울러 K팝 기획사들은 세계 시장 진출을 위해 여러 '글로벌 리소스'를 도입했다. 질 높은 음악과 가창력, 일사불란한 칼군무에 전 세계인의 귀를 사로잡는 캐치한 리듬과 멜로디, 가사는 세계 곳곳의 음악적 자원들을 조합해 만든 결과물이다.

K팝의 시작, 아이돌 본고장 일본을 삼키다

전 세계인이 'K팝 아이돌' 하면 세련된 음악과 화려한 군무를 떠올린다. 기억하기 쉬운 반복적 멜로디, 뛰어난 가창력, 매력적인 신체, 신비한 춤과 의상은 K팝만이 가진 신선한 경쟁력이다. 어째서 한국에서 아이돌 음악이 이렇게까지 성장하고 발전할 수 있었을까. 아이돌 그룹의 원조는 한국이 아니라 일본인데, 어떻게 원조 시장인 일본을 휩쓸고 전 세계로 뻗어 갈 수 있었을까. 주목할 점은 SM엔터테인먼트를 필두로 한국의 기획사들이 세계에서 저작권이 가장 잘 정비된 나라, 일본의 음악 시장을 먼저 뚫었다는 점이다. 그것도 일본에서 수입한 아이돌 문화를 발전시켜서 말이다.

1991년 3월 2일. 필자는 서울 정릉의 외국어 고등학교 일본어과반에 진학했다. 첫 등교일에 반 아이들의 교과서 표지에는 희한한 사진이 잔뜩 붙어 있었다. 태어나서 처음 보는 노랑머리, 폭탄머리, 버섯머리, 해괴한 모자나 머리띠 등 다소 어설프게 생긴 또래 녀석들이 우주복 같이 번쩍이는 옷을 입고 포즈를 취하고 있었다. 멋있다기보다는 우스꽝스러우면서 기분까지 살짝 나쁘게 만드는 이 녀석들을 반 친구들은 '아이도르'라 불렀다. 아이도르는 아이돌의 일본식 발음이다.

그로부터 약 7년 뒤. 군 복무 중이던 필자는 수년 전 본 것과 비슷한 무리의 사진이 길거리에 붙어 있는 광경을 목격했다. 역시나 유쾌한 인상은 아니었지만 당시 또래 민간인들에겐 꽤나 선풍적인 인기를 끈다고 했다. 바로 우리나라 첫 아이돌 그룹 H.O.T.였다. 이때부터 우리의 아이돌 문화는 일본처럼, 아니 일본보다 더 급속도로 문화 전반에 주류로 자리 잡기 시작했다.

아이돌의 어원은 '우상'을 의미하는 라틴어 'Idolum'이다. 구약 성서나 플라톤의 저서에서 '우상을 숭배하지 말라'고 할 때처럼, 다소 부정적이고 비현실적인 이미지도 내포하고 있다. 서양에서는 과거 비틀즈나 데이빗 보위, 마이클 잭슨, 뉴 키즈 온 더 블록같이 시대를 호령한 스타를 '가상 세계 인물'처럼 높여 부르기 위해 아이돌이라는 말을 썼다고 알려져 있다. 지금의 한국처럼 10대 청춘 스타를 통칭하는 보편적 용어로 쓰인 건 일본이 원조다. 한국 아이돌 그룹은 일본의 소녀대, 모닝구 무스메, 아라시, 스맙 등 일본 아이돌 그룹에서 '수입'한 것이었다.

하지만 우리와 일본의 결정적 차이가 바로 이 아이돌 산업에 숨어 있다. K팝의 음악과 군무, 패션 등은 이미 일본을 넘어 전 세계에서 인기를 끌었고, 음악과 영상 콘텐츠를 확산시키는 방식도 훨씬 디지털화됐고 글로벌화됐다. 당장 저작권을 포기하더라도 '확산'에 초점을 맞춘 전략은 일본보다 훨씬 과감하고 강력했다. 한국 아이돌이 일본에 진출하던 초기에는 일본 방송사와 기획사가 경제적 이득을 더 많이 취하기도 했지만 이제는 적어도 문화 주체성만큼은 일본이 한국의 식민지가 됐다는 과격한 비유까지 등장했다. 한국은 일본의 전례를 답습하면서도 대중문화, 특히 음악 부문에서는 확실하게 역전에 성공한 셈이다.

2011년 말 일본 TV아사히의 연말 결산 특집 프로그램 '뮤직스테이션 슈퍼 라이브' 무대. 일본이 자랑하는 최고 아이돌 그룹 AKB48과 한국에서 날아온 신예 소녀시대가 한 무대에 섰다. 키가 한 뼘은 더 커 보이는 소녀시대와 나란히 선 모습을 두고 'AKB48의 굴욕'이라 표현한 사람도 많았다. 많은 일본인이 소녀시대와 AKB48의 외모와 퍼포먼스를 비교하면서 일부는 열광했고 일부는 충격에 휩싸였다. 이는 2008년 말 동방신기가 일본 최대 가요 축제인 국영 NHK의 '홍백가합전'에 출연한 다음으로 일본에서 한국 아이돌이 주류로 올라서게 된 대표적인 사건으로 기록됐다.

한국의 남성 아이돌에 이어 여성 아이돌까지 안방을 장악하는 광경을 놓고 일본의 TV 프로듀서는 이렇게 말한 적 있다. "우리가 만들었던 것, 지나간 것에 우리가 당했다." 또 유력 경제 주간지『닛케이 비즈니스』에서는 소녀시대와 AKB48을 비교하면서 아래의 제목으로 기사를 싣기도 했다. "次のサムスンはここだ(다음의 삼성은 바로 소녀시대다)." 당시 고성능과 고환율로 무장한 삼성전자가 소니와 도시바, 샤프, 엘피다 등 일본 전자 기업들을 앞지른 것처럼, 일본이 자랑하는 AKB48 역시 한국의 소녀시대에 발목이 잡힐 거라는 냉소적인 글이었다.

2012년 일본에서 만난 한 엔터테인먼트 기업의 직원은 개인적으로 한류가 가까워진 사건을 원빈이 2001년 마루이백화점 모델로 데뷔하면서부터라고 회상했다. 2002년 한일 월드컵 때 한일 합작 드라마〈소나기 비 갠 오후〉에 한국 남성 배우와 일본 여성 배우가 동반 주연한 점도 한국의 이미지를 크게 높였다고 했다. 하지만 불을 붙인 건 역시 음악이라는 데 동의했다. 2002년 말부터 보아가 '홍백가합전'에 나가 씨를 뿌렸고 2008년 말 동방신기가 같은 프로그램에 출연하면서 '한국인은 동반자'라는 인식이 확산됐다는 얘기였다.

K팝 아이돌의 선봉장인 동방신기와 소녀시대, 카라가 일본 시장에서 성공한 핵심 경쟁력은 무엇보다 한국의 세련된 '군무'였다. 거기에 외모와 패션, 신체 비율까지 일본 아티스트는 따라올 수 없는 격차를 보이며 혜성같이 등장했다.

일본 방송가에서 '지나간 것에 당했다'고 말하는 이유는 일본 최고 인기 그룹 AKB48의 특성을 보면 이해할 수 있다. 일본 아이돌의 역사는 1980년대로 거슬러 올라간다. 이후 1990년대에 전성기를 구가했고 2000년대 초반까지 일본 음악계를 지배했다. 하지만 중반 이후로 아이돌의 환상성과 신비주의에 식상함을 느끼는 대중이 늘어났다. 이 때문에 2005년 이후 일본은 모델이나 미녀 선발 대회 수준의 잣대를 버리고 '다가갈 수 있는', '친밀한', '내 손으로 키워 가는' 밀착형 아이돌 그룹을 기획했고 마침내 AKB48을 선보였다. AKB48은 '만나러 갈수 있는 아이돌'이라는 콘셉트로 도쿄 아키하바라에 있는 AKB48 전용 극장에서 매일 같이 공연을 열었다. 16명씩으로 구성된 A팀, K팀,

B팀이 공연을 통해 팬들과 가까이서 호흡했다.

소녀시대가 일본 음악계에 진출할 때만 해도 일본 방송 관계자에겐 철저한 기획과 훈육으로 키워지는 한국식 아이돌은 '지나간 것'이었다. 하지만 한국 아이돌 그룹의 음악과 몸짓은 예상보다 훨씬 강력했다. 항상 문화를 선도해 왔다는 일본의 자만이 한국에 역공의 빌미를 제공했고 돌아온 부메랑은 파괴력이 컸다. 이후로 일본 음악계는 한동안 한국 아이돌 그룹의 독무대가 됐다.

2011년 필자가 일본 현지 취재 중 공연장 앞에서 만난 한 중년 여성은 K팝 아이돌 가수 K가 출시한 앨범 여섯 장을 모두 구했다며 기뻐했다. 싱글 앨범과 싱글 앨범 리패키지, 싱글 앨범 스페셜 컴필레이션 세 장을 각각 한국어와 일본어 버전으로 출시해서 모두 여섯 장이었다. 앨범당 가격은 30달러 정도. 싱글 앨범 하나로 한국 기획사는 여섯 개의 오프라인 DVD를 발매했고, 신곡 하나에 예전 곡과 뮤직비디오, 다른 영상들을 짜깁기했다. 한국 사람으로서 민망하다 싶을 정도의 가격과 콘텐츠였지만 이 중년의 일본 팬은 순수한 마음으로 기쁘게 200달러를 지불했다. 필자가 놀란 표정을 짓자 여성은 '자신은 약과'라면서 어느 극성 팬은 여섯 개짜리 DVD를 세 세트 샀다고 했다. 한 세트는 뜯어서 감상하고, 한 세트는 뜯지 않은 채 소장하고, 또 한 세트는 다른 사람에게 선물하기 위해서라고. 그럴 때 총 구입비는 500달러를 훌쩍 넘는데도 말이다.

이 같은 일본 팬의 소비 행태는 일본 사람 특유의 '소장 문화'로 설명할 수 있다. 미국의 일반적인 음악 소비 행태가 펍에서 동전을 내고 음악을 듣는 '주크박스' 문화라면, 일본은 고이고이 간직하는 소장 문화가 뿌리 깊이 박혀 있다.

2000년대 초, 국내 음악 시장 규모가 크게 축소되는 사이 SM엔터테인먼트를 앞세운 한국 기획사들은 일본 시장에서 기회를 찾았다. 국내에서는 초고속 인터넷이 도입되면서 온라인 음악 서비스 시대가 열렸지만, 저작권 정비에 있어서는 영리한 한국 유저들의 응용력을 따라잡지 못했다. 오프라인 음반 시장은 급속도로 위축됐고 온라인에서는 불법 다운로드와 불법 공유가 만연했다. 2003년에 '신보 인세제' 도입 후 통신사가 주도하는 무제한 스트리밍 같은 정액제 상품이 등장하면서 불법 다운로드가 줄었다고 하지만, 음악 가격 자체가 '헐값'에 거래되면서 기획사의 수익성은 크게 줄었다.

이런 분위기에서 일본이라는 시장은 너무나도 매력적이었다. 일본은 소장 문화가 바닥에 깔려 있을 뿐만 아니라 합법적으로 돈을 내고 빌리는 렌탈 시장도 활성화된 '저작권의 양지'였다. 불법 다운로드로 신음하던 한국 음악 기획사들에게 일본은 씨를 뿌리면 좋은 열매를 거둘 수 있는 기회의 땅이었다. 일본은 이른바 AV로 불리는 성인 케이블 채널

도 주민 등록 번호를 등록하고 정식으로 가입해 시청하는 문화가 일반
화돼 있다. 남에게 간섭하거나 피해를 주기 싫어하는 전후 일본의 국
민 의식도 그 배경 가운데 하나다.

게다가 일본은 한국에 비해 저작물 자체 가격도 높게 형성돼 있었다.
당시 동일한 미국 가수의 앨범 가격은 한국보다 일본이 두세 배 높았
다. 기본적으로 한국에 비해 물가가 높은 일본은 음악 앨범 할인 판매
를 허용하지 않는 반독점법이 강하게 적용되고 있었다. 공정한 경쟁하
에 비인기 가수와 장르를 보호하고 모든 이해 관계자가 동등하게 보상
받도록 한다는 취지였다.

일본 최대 음악 차트인 오리콘 차트 역시 매매 단위를 크게 해 단가를
높이는 데 일조했다. 단일 곡 순위를 매기는 미국의 빌보드 차트나 한
국의 음원 사이트와 달리, 오리콘 차트는 앨범 판매량이 가장 중요한
잣대기 때문이다. 통신사의 주도로 모바일 음악 서비스 시장이 정비
돼 있던 점도 K팝이 저작권 수익을 올리는 데 도움이 되었다. 한 예로
NTT도코모는 2005년 11월 타워레코드 지분을 인수하면서 멜로디,
벨 소리 등 모바일 음악 소매업의 저작권을 적극 통제했다. 물론 일본
에서도 2007년 모바일 음악 불법 다운로드가 급증해 합법적인 시장을
위협하기도 했다. 그러자 일본은 2002년부터 적용해 오던 복사 제어
CD*Copy Control CD, CCCD*를 강화하고 2008년에는 무단 사이트 접근을 제한

하는 필터링 시스템을 설치했다. 2005년 6월 소니BMG는 처음으로 판매용 CD에 이 같은 기술을 적용했다.

K팝의 일본 열도 공습이 절정에 달한 2013년 4월, 일본의 『산케이스포츠』는 일본이 미국을 제치고 세계 최대 음악 시장에 등극했다고 보도했다. 이 매체는 국제레코드산업연맹의 2012년 분석 자료를 인용해, 1973년 통계 시작 이래 일본(43억 달러)이 미국(41억 달러)을 처음으로 역전했다고 밝혔다. 음악 시장 상위 5개국 중 나머지는 모두 축소됐지만 일본은 4% 증가했다며 의미를 부여했다.

2011년 한국콘텐츠진흥원에 따르면 한국의 전체 방송 콘텐츠 수출 비중은 일본이 64.3%, 대만이 10.9%, 중국이 10.5%를 차지했다. 싱가포르와 홍콩은 각각 2.5%와 1.9%였다. 2012년 해외 방송과 공연 사용료는 전체 120억여 원 가운데 110억 원이 일본에서 걷혔고, 그 다음은 홍콩, 대만, 싱가포르, 미국으로 이들은 모두 1억 원 전후에 불과했다.

K팝, 유럽을 어떻게 뚫었나

'브리티시 인베이전(영국의 침략)', 1960년대 중반 영국의 비틀즈가 미국과 세계 음악 시장을 휩쓴 사건을 일컫는 말이다. 그로부터 50년 뒤 세계 음악의 변방이던 한국 음악이 비틀즈의 성지 런던을 점령하는 '코리안 인베이전'이 벌어질 줄 누가 상상이나 했을까.

2011년 가을. 프랑스 파리의 중심부인 루브르박물관 앞과 영국 런던의 중심 트라팔가광장 등 유럽 여러 국가의 도시를 대표하는 랜드마크에서 플래시몹이 펼쳐졌다. 수백 수천의 인파가 몰려 SM타운의 K팝 공연을 열어 달라고 외쳤고, 이 소식은 SNS와 언론을 타고 전 세계로 확산됐다. SM엔터테인먼트뿐 아니라 YG엔터테인먼트의 빅뱅과 2NE1을 보내 달라는 플래시몹도 급속도로 확산됐다.

필자는 2011년 6월, '비틀즈의 성지'로 불리는 영국 런던의 애비로드 스튜디오_Abbey Road Studio에서 K팝의 세계적인 위력을 확인할 수 있었다. K팝 열기에 관한 기획 시리즈 취재차 참석한 SM엔터테인먼트 샤이니의 영국 데뷔 비공개 쇼케이스는 그 생생한 현장을 보고 느낀 좋은 기회였다.

80년 역사를 자랑하는 애비로드 스튜디오는 영국의 전설적인 록 그룹 비틀즈의 곡 90% 이상을 녹음한 곳이다. 1960년대 〈애비로드〉 앨범 재킷에 등장해 유명세를 타기 시작했고, 클리프 리처드, 핑크 플로이드, 스티비 원더 같은 유명 가수도 이곳을 거쳐 갔다.

"최고예요. 아침 8시 반부터 10시간째 교통이 마비됐죠. 이런 장면은 처음 봅니다." 음악의 성지에서 일하는 애비로드 스튜디오 직원들에게

'비주류'의 거대한 물결은 너무나도 낯설고 신기한 충격이었다. 직원들 사이에서는 들뜬 미소와 함께 언제 퇴근할지 모르겠다는 푸념도 나왔다. 비틀즈의 성지이자 유명 관광지에서 오랜 기간 근무해 온 그들이지만 이렇게 많은 인파가 모인 건 처음이었다. 왔다 간 사람까지 포함하면 1,000명은 돼 보인다고 했다.

전국 각지에서 하이틴과 20대 초중반 여성이 구름 떼처럼 몰려들어 아침부터 내내 "We want SHINee(우리는 샤이니를 원해요)!"를 외쳤다. 20~30%는 남학생이고, 30대 넘은 여성 팬도 많았다. 주변엔 식당도 화장실도 없었다. 심지어 샤이니 공연을 볼 수도 없었다. 예정된 행사라곤 미리 티켓을 구매한 소규모 인원에게만 오픈하는 비공개 쇼케이스뿐. 희망은 오직 영국에 처음 오는 저 먼 한국 땅의 샤이니를 직접 눈으로 볼 수 있다는 기대뿐이었다. 이들은 저마다 플래카드를 들고 애비로드 스튜디오와 SM엔터테인먼트 그리고 샤이니의 영국 매니지먼트를 맡은 일본 EMI에 시위를 하고 있었다.

필자 역시 충격이었다. 국내 '사생팬'이라 일컫는 일부 극성 팬들은 본 적이 있지만, 지구 반대편 섬나라에서 인종도 종교도 외모 구분도 없이 10대들이 똑같은 표정으로 똑같은 소리를 지르는 것은 상상도 못 했기 때문이다.

무작정 "We want SHINee!"를 외친 바람이 통했을까. 당초 팬에게 인사할 계획이 없던 샤이니가 오후 5시가 넘은 시각에 양복을 빼입고

169

나타나자 애비로드 스튜디오 앞은 그야말로 난리였다. 수백 명의 영국 팬은 난생처음 본 한국 남성 가수들에 소리를 지르며 열광했고, 연신 카메라 셔터를 눌러 대며 눈물을 글썽였다. 예상보다 공연이 늦게 끝났지만 팬들은 집에 갈 생각이 없었다. 샤이니가 떠난 뒤에도 스튜디오 앞은 한동안 "We want SHINee!" 함성이 계속됐다. 구름 떼 같던 소

애비로드 스튜디오 앞에 나타난 샤이니. 비공개 쇼케이스였으나 팬들의 부름으로 직접 나와 만남을 가졌다.

170

엔터테인먼트 산업 혁명

녀 팬들이 돌아간 뒤, 애비로드 스튜디오 벽에는 이런 외침이 '한글'로 새겨져 있었다. '빛나는 샤이니. 파이팅. 사랑해. 포에버.'

아시아 최초로 영국에서 열린 이 행사는 SM엔터테인먼트와 일본 EMI 의 합작품이었다. 당시 샤이니의 유튜브 시청 수가 곡당 2,000만 건을 넘는 등 세계 곳곳에 팬을 보유하고 있었기 때문에, 일본 데뷔를 알리는 쇼케이스를 영국 EMI 본사와 함께 애비로드 스튜디오에서 열기로 한 것이었다. 이 행사에는 영국 현지 언론을 비롯해 일본의 6개 스포츠지가 모두 참여했고 후지TV가 쇼케이스를 중계했다. '한국' 뮤지션의 '일본' 데뷔 무대가 '영국'에서 열린, 참으로 글로벌한 현상이었다. 일본 EMI는 철저히 시장 논리에 따라 한국 뮤지션들을 프로모션하며 수익을 올리고 있었다.

사실 K팝의 유럽 확산을 설명하려면 일본의 '후광 효과'를 언급하지 않을 수 없다. 동양 문화라는 넓은 범주에서 볼 때, K팝은 분명 '아니메(애니메이션)'와 '망가(만화)'로 대표되는 일본의 'Cool Japan' 전략을 효과적으로 활용했기 때문이다.
필자가 프랑스 현지에서 만난 한 기업 임원은 프랑스에서 한국 아이돌의 인기 이유를 "망가 주인공이 직접 나타난 듯한 모습 때문"으로 풀이했다. 일본 망가와 똑같은 외모가 춤과 노래로 무장한 채 그들 눈앞에

171

나타난 것이었다. 다시 말하면 그들이 동경하던 동양 문화의 아이콘을 일본 아이돌보다 훨씬 더 현실적이고 이상적으로 보여 준 게 한국 K팝 아이돌이라는 설명이다.

실제로 유럽 최대 다문화 국가로 꼽히는 프랑스에 K팝이 상륙하기 전부터 일본의 J팝과 망가는 탄탄한 장르로 자리 잡고 있었다. 현지인들은 특히 1867년 열린 파리 만국 박람회 이후로 일본 문화에 관한 길고 깊은 선호가 지속돼 왔다고 말했다. 실제로 일본 도자기 포장지였던 '우키요에浮世繪'가 유럽으로 건너가 고흐, 마네, 모네, 드가 등 인상파 작가의 작품에 큰 영향을 미치기도 했다.

K팝의 미국 진출 역시 일본 콘텐츠의 후광 효과를 무시할 수 없다. 미국에서는 일본 애니메이션과 만화 팬들이 J팝 팬으로 연결돼 있었고, 이들 중 상당수가 K팝 팬으로 확산된 측면이 있기 때문이다. 특히 2009년 동방신기와 일본 애니메이션 〈원피스〉의 결합은 K팝의 자연스런 미국 상륙에 디딤돌이 됐다. 당시 일본에서 최고 인기를 누리던 동방신기가 1999년부터 연재된 일본 후지TV의 인기 애니메이션 〈원피스〉의 10주년 기념 오프닝 곡을 연달아 발매하자 K팝은 일본 콘텐츠를 타고 저절로 미국으로 수출되었다.

하지만 J팝보다 K팝의 경쟁력이 훨씬 강력했다. 일본 유명 가수들이

잇달아 미국 현지화에 실패하면서 J팝이 시들해지는 틈새를 일본 아이돌보다 춤 잘 추고, 멋있고, 비주얼 좋은 K팝 아이돌들이 치고 들어가 과실을 쟁취했다. K팝은 유럽 비주류 문화의 한 축을 담당하던 J팝의 발자취를 타고 넘어 주류 문화로까지 문을 두드렸다. 그런 의미에서 아이돌 세대의 글로벌 경쟁력, 적어도 문화적인 경쟁력은 선배들보다 훨씬 우월하다고 볼 수 있지 않을까.

그렇다면 유럽 시장을 뚫은 K팝의 전략은 무엇이었을까? 필자는 그 핵심을 '하이틴 IT 코스모폴리탄'의 감성을 꿰뚫은 것으로 설명하고자 한다. 전 세계 동시대 하이틴, 특히 소녀들의 감성은 비슷하다는 점과, 스마트 기기와 SNS, 유튜브 등 하이틴이 주로 활용하는 미디어를 적절하게 공략했다는 점에서 말이다.

K팝은 질 높은 음악과 가창력, 기억을 사로잡는 캐치한 리듬과 가사, 비주얼, 패션으로 전 세계 하이틴의 공감을 얻어 냈다. 특히 어린 나이부터 갈고닦은 강렬한 칼군무 퍼포먼스는 세계적으로 가장 높은 수준을 자랑한다.

적어도 하이틴이 가장 많이 활용하는 스마트폰과 SNS 세상에서 K팝은 '킬러 콘텐츠'였다. 스마트폰, 태블릿PC 등 모바일 기기와 글로벌 통신망이 구축되면서 세계는 비슷한 문화를 동시간대에 즐길 수 있는 세상을 맞았고, 그 세상에서 K팝은 동시대 하이틴을 관통하는 주류 콘

텐츠로 자리 잡아 갔다. 앞서 소개된 샤이니의 런던 쇼케이스도 SNS
에서 촉발된 수요가 실제 공연으로 이어진 사례다. 프랑스 공연 소식
이 알려지자 런던 팬들은 페이스북을 열어 공연을 요구했고, 플래시몹
기획과 실행 역시 SNS를 통해 이뤄졌다. 페이스북 항의 글이 1,000여
건에 달하자 일본 EMI는 쇼케이스를 결정했고, 영국 현지 패션 잡지
『엘르』도 이를 간파해 이벤트를 열어 행사에 동참했다. 자사 홈페이지
에서 샤이니에 관한 퀴즈를 내고 '온라인 경쟁'을 통과하는 44명에게
쇼케이스 참여권을 준 것이다.

K팝과 유튜브는 어떻게 서로를 배 불렸나

2012년 어느 날, 코믹한 춤과 스토리로 무장한 뮤직비디오
〈강남 스타일〉이 세계를 강타하기 시작했다. 빅뱅, 2NE1 등의 영상
이 담긴 YG전용관에 공개된 이 뮤직비디오는 유튜브와 SNS, 페이스
북을 타고 급속도로 뻗어 나갔다. 결정적인 이유는 이 배꼽 잡는 뮤직
비디오에 전 세계가 열광하면서 저작권 문제에서 자유로운 '리액션'과
'패러디' 영상이 폭발적으로 만들어졌기 때문이다. 국적도 남녀노소도
직업도 불문하고 〈강남 스타일〉을 흉내 낸 영상들이 SNS를 타고 더 크
고 빠르게 확대 재생산됐다.
미국의 힙합 가수 티페인, 조시 그로번, 로비 윌리엄스 등 유명인들이

자신의 트위터에서 〈강남 스타일〉 뮤직비디오를 극찬하고, 브리트니 스피어스, 톰 크루즈 같은 연예인도 SNS를 통해 뮤직비디오를 전파하면서 더욱 폭발적으로 확산됐다. 이후 뮤직비디오뿐 아니라 음원도 순식간에 전 세계 빌보드 차트를 점령했다. 비록 미국 빌보드 차트에서는 2위에 그쳤지만, 영국, 독일, 프랑스 등 유럽의 음악 차트를 모조리 석권했다. 결과적으로 아이돌 위주던 유튜브, 페이스북 등 K팝의 플랫폼에 세대를 초월하는 '코믹' 코드로 무장한 뮤직비디오가 올라타면서 K팝의 외연이 더욱 확대된 셈이다. 그리고 가수 싸이는 YG엔터테인먼트라는 K팝 브랜드와 함께 빅뱅과 2NE1을 세계에 알리는 데도 큰 역할을 했다.

K팝이 아시아권을 넘어 전 세계로 확산된 결정적 이유는 기획사들이 K팝 뮤직비디오를 유튜브라는 글로벌 동영상 플랫폼에 공개했기 때문이다. 유튜브는 K팝이 미 대륙과 유럽으로 진출하는 데 시간과 비용 부담을 덜어 주었다.

2005년 출범한 유튜브는 대중음악 산업에서 MTV의 아성을 위협하며 단기간에 글로벌 서비스 미디어로 성장했다. K팝 기획사에게 유튜브는 TV가 갖는 지역적 한계를 극복하고, 소셜 미디어를 통해 신속하게 홍보하고 시장을 개척할 수 있는 새로운 주력 플랫폼이었다.

SM엔터테인먼트는 유튜브 출범 다음해인 2006년 공식 채널을 개설

했고, YG엔터테인먼트와 JYP엔터테인먼트도 2008년 유튜브 공식 채널을 열었다. 유튜브가 2008년 자막 삽입 서비스를 제공하고 2009년에는 음성 자막 변환 서비스를 도입해 언어 장벽을 낮춘 것도 K팝 기획사에게 매우 유리하게 작용했다.

현지 프로모션 없이 유튜브 전용관을 전진 기지로 삼은 K팝은 전 세계 하이틴을 관통하는 킬러 콘텐츠로 자리를 잡아 갔다. 한 예로 2NE1의 신곡 〈박수 쳐〉가 발표 하루 만에 유튜브 영상 조회 수 47만 건을 넘어서면서 당일 기준 전 세계 유튜브 조회 수 1위를 기록한 건 K팝과 유튜브가 윈윈하기 시작하는 신호탄과 같았다. 이처럼 SM엔터테인먼트, YG엔터테인먼트 등은 유튜브에서 유럽 시장의 가능성을 검증 받은 뒤 현지 소비자를 대상으로 한 공연, 음반 판매 비즈니스를 펼치기 시작했다.

한국의 주요 K팝 기획사들은 유튜브 사용자들이 유튜브 공식 채널에서 무료로 뮤직비디오를 볼 수 있게 했고, 이 뮤직비디오는 트위터, 페이스북 등 SNS와 연동돼 무차별적으로 퍼져 나갔다. 애플 아이튠즈의 경우 K팝 뮤직비디오를 다운로드 하거나 스트리밍 하려면 많게는 1달러가 넘는 돈을 내야 했지만 유튜브에서는 광고만 보면 얼마든지 공짜로 볼 수 있었다.

또한 단순 무료화를 넘어서 저작권 자체를 방임하는 방식으로 확산을 독려하기도 했다. 전 세계 유튜버와 SNS 사용자들이 싸이의 〈강남 스타일〉 뮤직비디오를 저작권 걱정 없이 다른 곳으로 링크해 이동시키고, 리액션과 패러디 영상물을 재생산해 확산시키는 동안 YG엔터테인먼트와 싸이는 어느 누구에게도 저작권 문제를 제기하지 않았다.

파급 효과는 대단했다. 〈강남 스타일〉 뮤직비디오는 유튜브 YG전용관에 공개된 지 5개월 만인 2012년 12월에 유튜브 사상 최초로 10억 뷰를 넘어섰고, 2015년 4월에는 유튜브 시스템까지 바꾸며 새 역사를 썼다. 유튜브 사업부는 〈강남 스타일〉의 뮤직비디오 누적 조회 수가 표시 한계를 초과해 시스템을 변경해야 했다. 이에 대해 구글은 이렇게 밝혔다. "우리는 싸이와 마주치기 전, 어떤 비디오의 조회 수가 32비트

🔗 그림 17 ┊ 유튜브 K팝 전용 채널의 운용 방식

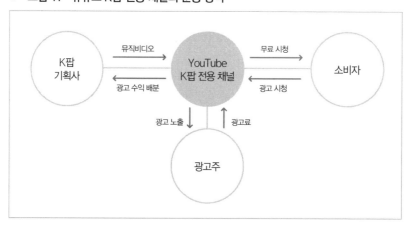

정수(2,147,483,647뷰)를 넘어설 수 있으리라고는 전혀 생각하지 않았다. 〈강남 스타일〉의 조회 수가 너무나 많았기 때문에 64비트 정수(9,223,372,036,854,775,808뷰)로 업그레이드를 해야만 했다."

싸이가 2013년 선보인 신곡 〈젠틀맨〉, 〈DADDY〉, 〈행오버〉 등도 국내에서는 흥행에 실패했지만 유튜브에서는 모두 1억 뷰 이상을 기록했다.

그러면 유튜브를 통한 무료 확산 전략을 선택한 K팝 기획사는 어떻게 수익을 올릴까.

SM엔터테인먼트, YG엔터테인먼트, JYP엔터테인먼트 등 주요 K팝 기획사들은 유튜브 동영상 소비자로부터 얻는 저작권 수익을 과감히 포기하는 대신 광고주를 겨냥한 수익 보전 전략을 펼쳤다. 즉 유튜브에 전용관을 만들어 유저들이 쉽게 접근할 수 있도록 하는 한편, 유튜브에는 일반인보다 높은 광고 수익 배분율을 요구해 광고 수익 극대화를 꾀했다.

유튜브가 2007년 출시한 파트너십 프로그램과 2010년 도입한 콘텐츠 검증 기술*Contents ID, CID*은 K팝 기획사들이 소비자로부터 직접 얻지 못하는 수익을 광고 수익으로 만회할 기회를 제공했다. 60개국 이상에서 실시되는 유튜브의 파트너십 프로그램은 AVOD*Ads-supported VOD*라 불리는 광고 기반의 VOD 방식으로, 해당 영상 콘텐츠를 스트리밍 한 숫자만큼 광고주가 유튜브에 광고료를 지급하면 유튜브가 콘텐츠 저작자에게 이를 분배한다. 약관에 따르면 유튜브는 비디오 플레이어상에 디스플레이 또는 스트리밍 한 광고에 대해 유튜브가 인정하는 순수익의 55%를 콘텐츠 공급자에게 지급한다. 입찰 방식인 만큼 트래픽이 많은 콘텐츠, 즉 광고 노출이 많은 콘텐츠일수록 광고 수익이 늘어난다. TV조선 보도에 따르면 YG엔터테인먼트와 싸이가 〈강남 스타일〉로 유튜브에서 벌어들인 광고 수익은 85억 원 이상으로 추산된다.

유튜브의 콘텐츠 검증 기술도 K팝 기획사들이 무료 확산 전략을 취하는 데 촉매로 작용했다. K팝 기획사들은 콘텐츠 자체의 저작권을 포기하는 대신, 광고 수익에 있어서는 저작권을 보호 받는 방식을 취했

⌀ **표 9 | 4대 기획사의 유튜브 트렌드 요약**_2018년 5월 20일 기준   (단위: 억 회, 만 명)

| | 빅히트 | | SM | | JYP | | | YG | | | |
	빅히트	방탄TV	SMTOWN	엑소	JYP	GOT7	TWICE	빅뱅	블랙핑크	YG	아이콘
구독자 수	1,226	804	1,437	131	814	246	214	927	675	360	225
최근 1년간 누적 조회 수	15.8	6.4	42.8	0.0	20.2	1.7	1.8	9.5	12.2	1.9	2.8
최근 1년간 구독자 수 증가	739	457	388	74	384	135	134	187	404	75	111
전년 대비 조회수 전년 대비 구독자수	195% 153%	95% 163%	106% 72%		85% 106%	151% 134%	119% 95%	-6% 6%		10% 54%	195% 251%

* 엑소는 최근 1년간 조회 수 1억 미만, 구독자 200만 명 이하로 증가율이 왜곡되어 있어 표기 제외, 블랙핑크는 데뷔 만 2년차 이하
출처_유튜브, 하나금융투자

179

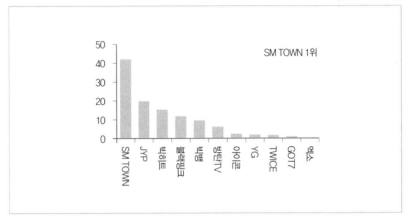

그림 18 ┃ 1년간 유튜브 조회 수_2018년 5월 20일 기준

(단위: 억 회, 만 명)

출처_유튜브, 하나금융투자

그림 19 ┃ 1년간 유튜브 조회 수 증가율_2018년 5월 20일 기준

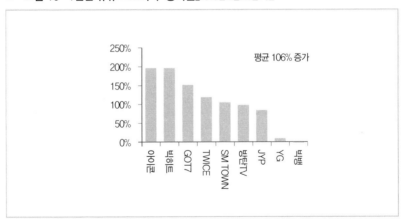

* 1억 뷰 이하의 엑소, 데뷔 2년 이내인 블랙핑크는 제외
출처_유튜브, 하나금융투자

엔터테인먼트 산업 혁명

다. 이에 따라 〈강남 스타일〉 뮤직비디오의 리액션이나 패러디 영상을 올린 다른 이용자들의 콘텐츠에도 광고는 붙지만 수익은 원저작자에게 돌아갈 수 있었다. 광고를 붙여 영상 조회 수가 올라갈수록 원저작자가 더 많은 광고 수익을 가져가는 형태로 저작권을 보호해 주는 것이다. 〈강남 스타일〉 뮤직비디오 리액션과 패러디 영상의 광고 수익은 저작권자인 YG엔터테인먼트와 유튜브가 나눠 갖고 동영상 게시자에게는 별도의 수익이 없었다.

콘텐츠 저작권자는 유튜브 콘텐츠 검증 기술을 통해 본인 저작물의 일부 혹은 전체를 포함하는 영상들에 대해 보고를 받을 수 있다. 저작권자는 본인의 고유 영상이거나 일부를 포함하고 있는 것으로 보고 받은 영상들에 대해 '공유 금지(차단)', '추적', '광고 수익화' 중 하나를 선택할 수 있다. 〈강남 스타일〉과 〈젠틀맨〉, 〈행오버〉등 뮤직비디오의 저작권자인 YG엔터테인먼트와 싸이는 이 중 광고 수익화 옵션을 선택했다. 저작권 침해 영상을 차단하는 것이 아니라 오히려 광고를 붙여 합리성을 추구한 것이다.

유튜브의 광고 매출은 곧 수익으로 직결된다. SM엔터테인먼트, JYP엔터테인먼트, YG엔터테인먼트 등 국내 3대 기획사의 2017년 유튜브 합산 매출은 110억 원대이나, 증권 업계는 2019년 합산 매출액을 약 410억 원까지 전망하고 있다. 2019년 예상 영업 이익 내 유튜브 기여도는 SM엔터테인먼트가 11%, JYP엔터테인먼트가 15%, YG엔터

그림 20 ┃ **유튜브 K팝 전용 채널의 무료 확산 전략과 수익 구조**

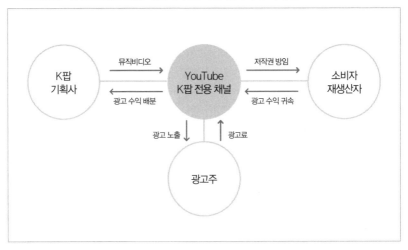

그림 21 ┃ **국가별 유튜브 음악 청취 비중**_2018년 5월 기준

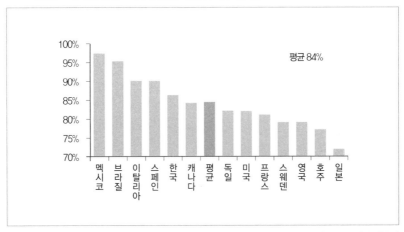

출처_IFPI, 하나금융투자

테인먼트가 31%에 달할 것으로 추정된다.

K팝 전성시대, 누가 가장 많이 벌었나

마돈나, 브루스 스프링스틴, 로저 워터스, 밴 헤일런. 2013년 미국 빌보드 차트를 통해 가장 돈을 많이 번 40인에 속한 가수들이다. 그렇다면 전 세계 K팝 열풍을 이어 가는 한국 아이돌 가수도 이들처럼 음악으로 돈을 많이 벌까.

결론부터 말하면 그렇지는 않은 것 같다. 앞서 '마에킹' 현상에서 논한 것처럼, 국내에서는 멜론, 지니, 엠넷뮤직 등 음원 유통 플랫폼 기업이 가져가는 몫이 크다. 유통사는 차치하더라도 실연권자인 가수가 가져가는 몫은 저작권자인 작곡가에 비해서도 훨씬 낮다. 물론 인기를 끌면 광고와 행사 등으로 큰돈을 벌 수 있다. 하지만 순수 음악만으로 돈을 가장 많이 버는 건 아이돌이 아니라 기획사, 엄밀하게 말하면 회사가 아니라 회사 선배들이다. 회사를 만든 선배들이 작곡을 해서 저작권료를 받거나 프로듀싱비 명목으로 벌어 가는 돈이 가장 많기 때문이다.

인터넷의 등장으로 음악 유통이 음반이 아닌 '음원' 형태로 본격화되자 2003년에 신보 인세제가 도입되면서 한국 저작권법은 사람에게 저작권료가 지급되도록 하고 있다. 과거 제작 유통사들이 원반권 자체를 헐값에 사들여 수십 년간 저작권료를 모두 가져가는 횡포를 막고 작곡가와 작사가 등 저작권자에게 수익을 분배하는 방식을 제도화한 것이다. 이후 가수와 연주자, 안무가 등 실연권자에 비해 작사가와 작곡가가 훨씬 큰 수익을 거두고 있는 게 한국 음악 업계의 현실이다. 작곡가가 작사까지 직접 할 경우 곡 매출의 10%까지 받을 수 있고, 작사가가 따로 있으면 반씩 나눠 갖는다. 편곡자가 있다면 1/6을 떼어 주고 나머지를 작곡가 또는 작곡가와 작사가가 나누어 가진다. 한 예로 JYP엔터테인먼트의 최대 주주이자 프로듀서인 박진영은 2011년부터 2013년까지 3년 연속 저작권 수입 1위를 차지했다. 2011년 13억7,000만 원, 2012년 12억 원, 2013년에는 15억3,000만 원을 저작권료로만 벌어들였다고 한다. 2위는 조영수(9억7,000만 원), 3위는 YG엔터테인먼트의 메인 프로듀서인 테디(9억4,000만 원), 4위는 SM엔터테인먼트 이사 유영진(8억3,000만 원), 5위는 지드래곤(7억9,000만 원)으로, 모두 작곡가였다.

저작권료와 함께 선배뻘 음악가가 가져가는 돈으로는 프로듀싱비가 있다. 프로듀싱비는 회사가 프로듀서 역할을 하는 사람에게 제공하는 대금으로, 기준은 회사마다 천차만별이다. 일부 음악 회사에서는 창업자나 대표가 프로듀싱을 하면서 회사 전체 수익보다 더 큰 수익을 가져가기도 한다. 곡의 저작권료와 프로듀서 연봉, 개별 곡의 프로듀싱비까지 더해 생각보다 여러 방식으로 돈을 받아 갈 수 있다. 이처럼

K팝은 음악을 실연하는 아이돌 가수보다 그들의 선배 세대인 작사가와 작곡가, 프로듀서에게 상대적으로 큰 수익을 안겨 준 측면이 있다. 그런 의미에서 빅뱅의 지드래곤이나 비스트의 용준형처럼 아이돌 가수가 직접 곡을 만드는 것은 매우 합리적인 경제 활동이라 하겠다.

그렇다면 실연권자의 권리는 어떻게 정산될까. 예를 들어 노래방에서 어떤 곡이 불릴 경우 작곡가는 노래방 반주 업체와 노래방으로부터 돈을 받지만 가수나 연주자는 돈을 받을 기회가 없다. 노래방에서는 가수나 연주자가 실연을 하는 것이 아니기 때문이다. 〈강남 스타일〉을 글로벌 히트곡으로 만드는 데 크게 기여한 안무가가 별다른 이익을 보지 못했다는 사실은 실연권자의 권리에 관한 논란을 낳기도 했다. 〈강남 스타일〉의 저작권자는 공동 작곡가인 싸이와 유건형이지만, 뮤직 비디오는 안무와 출연진 등이 함께 만들어 낸 '종합 예술'에 가깝기 때문이다.

이렇게 보면 엔터테인먼트 업계에서 음악 분야의 징수 규정만큼 복잡한 구조가 또 있을까 싶다. 더구나 음악 소비 행태가 종량제, 다운로드, 스트리밍, 유튜브 등으로 다양해졌기 때문에 곡에 대해 회사와 음원 사이트, 작곡가, 가수, 연주자, 프로듀서 등이 수익을 나눠 갖는 구조도 매우 복잡하게 얽혀 있다. 2003년 이후로 유통사나 작곡가가 가수에 비해 많은 이익을 가져갔다면, K팝이 급성장한 2010년 이후로는 실연권자들의 몫이 조금씩 느는 추세다.

정부와 여러 이해관계 단체의 대응에 따라 징수 규정과 요율도 자주 변한다. 2017년 도종환 문화체육관광부 장관이 취임 초기부터 음원 유통 플랫폼에 비해 저작권자의 몫이 너무 적다며 분배 비율 조정을 공약했기 때문에 징수 규정 역시 추가적인 변화가 예상된다. 2018년 5월 현재 스트리밍 기준 저작권 분배 비율은 멜론, 지니 등의 음원 플랫폼이 40%, 저작권자가 60%다. 저작권자 몫은 유통 및 제작자가 44%, 작곡가와 작사가가 10%, 가수와 연주자가 6%를 나눠 갖는다.

그림 22 | 현행 디지털 음원의 수익 구조(스트리밍 / 다운로드)_2018년 5월 기준

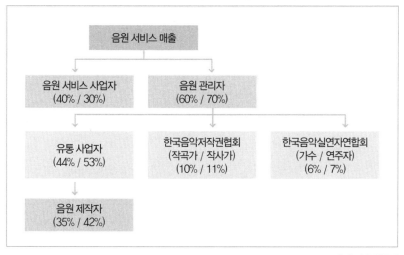

출처_하나금융투자

한국 최초 빌보드 1위, 방탄소년단의 '빅히트' 비결은?

K팝의 거의 모든 세계 기록을 갈아 치운 빅히트엔터테인먼트의 방탄소년단(2016년 7월부터 BTS로 변경)은 동시대의 가장 '글로벌'한 K팝 아이돌이자 가장 '소셜'한 아티스트다. 데뷔 6년차 방탄소년단의 트위터는 2017년 말 팔로워 1,000만 명으로 세계에서 가장 많이 트윗된 계정에 올랐고, 2017년부터 2년 연속 '빌보드 소셜 톱 50 아티스트' 1위를 거머쥐며 2018년 빌보드 뮤직 어워드에 공식 초청됐다. 유튜브는 유료 서비스인 유튜브 레드를 론칭한 뒤 맨 처음 빅뱅에 이어 방탄소년단의 다큐멘터리를 직접 제작해 '오리지널 유튜브 레드 콘텐츠'로 활용했다. 빌보드 역시 방탄소년단의 인기를 활용해 돈을 벌기 위해 멤버 각각의 에디션을 한정판 커버로 발행했다. 정작 방탄소년단은 해외에 정식 진출한 적이 한 번도 없고 해외 지역별로 차별화된 뮤직비디오를 제공하는 식의 현지화 전략도 전무했는데 말이다.

표 10 | **빅히트(ibighit)와 방탄TV의 유튜브 요약**_2018년 5월 기준   (단위: 만 명, 억 회)

	빅히트(ibighit)	방탄TV	합산
구독자 수	1,226	804	2,030
최근 1년간 누적 조회 수	15.8	6.4	
최근 1년간 구독자 수 증가	739	457	
전년 대비 조회 수 전년 대비 구독자 수	195% 153%	95% 163%	

출처_유튜브, 하나금융투자

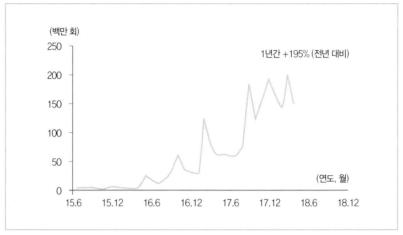

🔗 그림 23 ㅣ 빅히트(ibighit)의 월간 조회 수

🔗 그림 24 ㅣ 빅히트(ibighit)의 월간 구독자 수

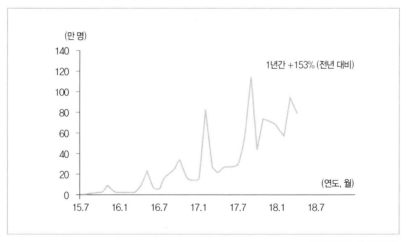

유튜브의 단일 동영상 조회 수 최고 기록은 〈강남 스타일〉이 갖고 있지만, 단일 가수당 조회 수와 구독자 수로는 방탄소년단이 단연 1위다. 2018년 5월 현재 3억 뷰가 넘는 K팝 아이돌의 뮤직비디오 9편 중 4편이 방탄소년단이며, 1억 뷰가 넘는 뮤직비디오는 11개나 된다. 빅히트(ibighit)와 방탄TV의 두 채널을 합산한 구독자 수만 해도 2,030만 명으로, 유튜브와 관련한 방탄소년단의 거의 모든 지표가 연간 100~200% 내외로 성장하고 있다.

중소 기획사인 빅히트엔터테인먼트는 TV 출연 같은 값비싼 전통적 데뷔 방식을 지양했다. 대신 데뷔 전부터 철저하게 SNS로 팬들과 소통했다. 팬들과 자유롭게 트위터로 소통하는 건 물론이고, 대기실과 합숙소 모습을 그대로 공개하면서 일상을 오픈했다. 뮤직비디오뿐 아니라 비공식 음원을 공유했고 '방탄밤', '방탄로그' 등의 인터넷 방송을 각 멤버들이 직접 만들어 올리는 등 확실한 팬 서비스를 제공했다. 이는 SNS 세계에서 공유되고, 리액션 영상으로 창조되고, 패러디로 확장되면서, 기하급수적으로 확산됐다. 이로써 방탄소년단의 팬들과 공식 팬클럽 아미^{ARMY}는 이른바 '양육 팬덤'이라 불리는 '내가 키운 아이돌'이라는 자부심으로 강력한 유대와 힘을 발휘했다. 아미는 미국 라디오 방송국에 방탄소년단 음악을 틀어 달라고 요구했고, 쇼핑몰과 레코드숍에도 방탄소년단의 앨범과 상품을 판매해 달라고 요청했다.

방탄소년단의 매출에서 가장 큰 비중을 차지하는 건 팬들이 사 주는 굿즈Goods로 이는 공연, 출연료, 광고, 로열티 매출을 모두 포함해 50%에 가까운 수준이다. 팬클럽의 활동은 매출뿐 아니라 빌보트 차트와 직결되어 2016년 발매한 앨범 〈WINGS〉를 빌보드 K팝 차트 1위, 빌보드 전체 차트 26위에 안착시켰고, 빌보드 어워드 톱 소셜 아티스트 상을 수상케 했다.

이에 부응해 방탄소년단은 유니세프 등 사회 캠페인에 적극 참여해 팬들의 자부심을 높여 주었고, 이는 다시 팬덤을 한층 강화하는 시너지로 작용했다. 한 예로 미국에서 유니세프와 영화 〈스타워즈〉 측이 벌인 영

⌒ 그림 25 ᛁ 빅히트엔터테인먼트 실적 추이

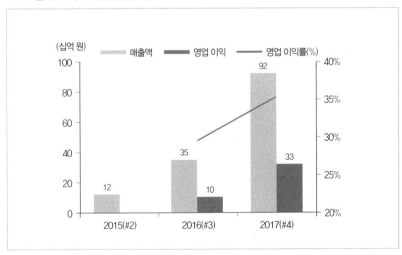

* 괄호 안은 BTS의 데뷔 연차 / 출처_Dart, 하나금융투자

양 실조 아동 식량 후원 프로젝트 행사에 방탄소년단 팬클럽 아미가 참여하자 11억 원의 모금액이 이틀 만에 완료된 일도 있었다.

방탄소년단은 시골 촌놈들이 세계 최고 뮤지션으로 커 가는 '성장 스토리'를 만들어 나갔다. KB금융지주 경영연구소는 방탄소년단 음악은 학교 시리즈(〈2 COOL 4 SKOOL〉 등) → 청춘 시리즈(〈화양연화〉등) → 사랑 시리즈(〈LOVE YOURSELF〉 등)로 서사가 이어진다며, 지방 출신의 10, 20대 젊은이의 열정적 성공 실화가 또래 세대에게 감성적 연대와 공감을 불러일으켰다고 분석했다.

그림 26 | 빅히트엔터테인먼트 부문별 매출

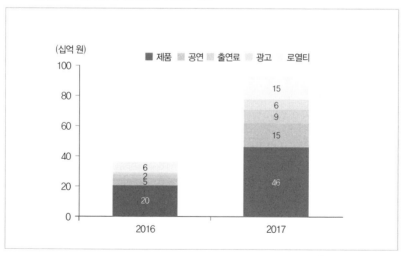

출처_Dart, 하나금융투자

빅히트엔터테인먼트의 창업자이자 대표인 방시혁은 KBS 프로그램 '명견만리'에 출연해 17세 아이돌 지망생이자 예비 멤버들을 인터뷰하면서 "멋진 스타에서 한 걸음 더 나아가 팬들과 인간 대 인간으로 긴밀하게 소통하면서 선한 영향력을 주고받는, 수직적이 아닌 수평적 리더십의 아티스트를 원했다"고 밝혔다.

그는 방탄소년단의 첫 번째 앨범을 내면서 한 가지를 요구했는데, 방탄소년단의 음악은 내면의 이야기여야 한다는 것이었다. 이 때문에 첫 앨범은 대부분 학교 생활에 관련한 내용이었고, 사랑이나 허세, 과욕적인 노랫말은 없었다고 강조했다. 대신 청춘과 자유, 인생 목표, 시스템에 대한 저항 등이 주를 이루었다.

또한 방탄소년단 음악에서 중요한 것은 '한국적' 서사였다. 다른 아이돌에는 영어 가사가 없는 곡이 거의 없었지만 방탄소년단은 대개가 한국어 위주였다. 한국어 가사는 역설적이게도 코스모폴리탄적이었다. 10, 20대 또래 집단의 목소리를 대변하는, 장기 불황과 취업난 등 청년 세대의 좌절과 희망에 관한 직접적인 노랫말은 한국뿐 아니라 세계 밀레니얼 세대가 공감하는 시대정신에 가까웠다. 방시혁에 따르면 해외 팬들은 방탄소년단의 한국어 노랫말과 랩에 흥미를 느끼고 궁금해하면서 빠른 속도로 따라왔지만, 활동 초기 한국에서 오히려 거부 반응이 많았다고 털어놓기도 했다.

작가 탁석산은 저서 『한국인은 무엇으로 사는가』에서 '가장 한국적인 것이 가장 세계적인 것'이라고 했다. 필자 역시 가장 한국적인 스타일이 가장 세계적인 스타일이라고 생각한다. 한국 중에서도 서울, 서울 중에서도 '강남 스타일'이 순식간에 세계를 휩쓸었고, 방탄소년단의 고집스런 K팝 스타일이 5년에 걸쳐 전 세계의 음악계를 젖어 들게 만들었다.

애초에 방탄소년단은 글로벌 시장 공략을 위해 기획된 아이돌이 아니었다. 해외 현지 시장 진출을 원활하게 하기 위해 해외 멤버를 포함시키는 등의 초국적 스타일을 추구하지도 않았다. 걸 그룹 소녀시대나 레드벨벳의 곡처럼 스웨덴 왕립학교 출신의 작곡가를 기용하지도 않았고, 멤버들에게 외국어 공부를 강요하지도 않았다. 일곱 멤버 중 유일하게 영어를 잘 구사하는 리더 RM은 미국 방송에 출연해 시트콤 〈프렌즈〉로 영어를 독학했다고 밝히기도 했다. 여타 아이돌 곡에 비해 영어 빈도는 훨씬 낮았고 글로벌 코드인 청춘이나 사랑 노래보다 자신들이 현재 처한 상황을 직설적으로 전달하는 스타일을 추구했다.
물론 춤과 보컬, 랩으로 이뤄진 K팝이라는 음악 스타일 자체가 미국식 대중음악의 연장선상이라고 할 수도 있다. 하지만 〈강남 스타일〉과 방탄소년단이 실증해 준 건, 전 세계가 공감할 수 있는 대중음악의 범주 안에서 가장 한국적인 스타일이 가장 세계적이 됐다는 점이다.

서울대학교 미학과를 졸업한 방시혁은 1994년 '유재하가요제'에서 동상을 수상하며 가요계에 데뷔해 작곡가로 경력을 쌓았다. 박진영에게 발탁돼 JYP엔터테인먼트에 들어간 그는 비의 데뷔곡 〈나쁜 남자〉를 비롯해 〈하늘색 풍선〉(GOD), 〈총 맞은 것처럼〉과 〈내 귀에 캔디〉(백지영), 〈심장이 없어〉(8eight), 〈죽어도 못 보내〉(2AM) 등의 히트곡을 탄생시켰다. 2005년 박진영과 결별한 뒤 빅히트엔터테인먼트를 설립했고, 2013년 6월 방탄소년단을 데뷔시켰다.

방시혁은 방탄소년단 멤버에게 연습 시간과 생활을 강제하지 않고 모든 것을 자율적이고 자발적으로 할 수 있게 했다. 다만 회사 시스템은 개인보다 '팀'을 확실한 우선순위로 뒀다. 팀이 없으면 개인도 없다며 모든 커뮤니케이션을 팀 단위로 했다. 멤버들끼리 주먹다짐을 해도 되지만 해결은 전원이 함께하는 방식을 요구했다. 한편 그는 독설과 고집 등으로 악명이 높기도 했다. MBC 오디션 프로그램 '위대한 탄생'에서 심사 위원으로 보여 준 독설가의 모습처럼, 방탄소년단의 트레이닝 과정도 매우 혹독했다는 평가가 많았다.

작곡가로서 남다른 자부심과 고집을 보여 주는 일화도 있다. 2011년 당시 큰 인기를 끌던 예당 소속 가수 임재범은 리메이크 앨범 〈풀이 *Free*〉를 내면서 브라운아이드걸스의 가인과 듀엣으로 부른 〈내 귀에 캔디〉를 포함시켰다가 이미 발매된 1만 장의 앨범을 전량 폐기해야 했다. 24개의 리메이크 곡 중 유일하게 작곡가 방시혁이 '전례가 없다'

며 리메이크를 거부했기 때문이다. 음악 리메이크의 경우 원작곡자의 승인을 받고 진행해야 하나 제작사 예당은 빅히트엔터테인먼트가 검토하는 중에 먼저 녹음을 했고 쇼케이스 뒤 거절 통보를 받았다. 이미 만들어져 쇼케이스 공연까지 한 앨범이 폐기된 것도 전례가 없는 일이었다.

빅히트엔터테인먼트와 방탄소년단의 성장 과정에서 주목할 것은 초기부터 벤처캐피털의 투자금으로 사업을 펼쳤다는 점이다. 과거 빅3로 불리던 SM엔터테인먼트, YG엔터테인먼트, JYP엔터테인먼트와 K팝이 성장할 때만 해도 엔터테인먼트는 벤처캐피털과는 거리가 먼 분야였다. 이미 성장한 YG엔터테인먼트가 코스닥 상장으로 자금을 조달하던 2011년 무렵, 후발 주자로 창업한 빅히트엔터테인먼트는 초기부터 벤처캐피털 투자를 유치하면서 방탄소년단 데뷔를 준비했다. 모험 자본을 투자한 곳은 국내 굴지의 벤처캐피털사인 SV인베스트먼트와 LB인베스트먼트였다. SV인베스트먼트는 2011년부터 빅히트엔터테인먼트에 두 차례에 걸쳐 40억 원을 투자했다. SV인베스트먼트 대표는 처음에 투자한 30억 원이 1년 만에 소멸됐지만 방시혁이라는 기획자의 잠재력을 믿고 다음해에 10억 원을 추가 투자한 점이 주효했다고 말한다. LB인베스트먼트도 2012년 20억 원을 투자했고 2016년에는 중국의 레전드캐피털과 함께 100억 원(LB 55억 원)을 추가로 투자했다. LB인베스트먼트는 2017년 사모펀드를 조성해 SV인베스트먼트가 갖고 있던 지분 189억 원어치를 추가로 사들였다.

2018년 10월 현재 이들 벤처캐피털은 보유 지분을 팔아 2,000억 원이 넘는 돈을 회수했다. 2018년 4월 넷마블과 LB프라이빗에쿼티에 1,000억 원 이상에 매각한 데 이어 10월에는 스틱인베스트먼트의 사모펀드에 1,000억 원 넘게 팔면서 30배 전후의 수익을 올린 것으로 추정된다.

2018년 빅히트엔터테인먼트는 한국 증시에 직상장을 준비할 만큼 성장했지만, 수년 전만 해도 다른 코스닥 회사에 참여하면서 우회 상장 루머를 낳기도 했다. 2015년 1월 방시혁 대표는 씨그널정보통신의 이사로 선임됐는데 이 회사는 2018년 4월 감사 의견 거절로 상장 폐지됐다.

실적이 궤도에 올라선 2018년 4월에는 국내 게임 업계 1위인 넷마블이 빅히트엔터테인먼트에 2,014억 원을 투자해 지분 25.7%를 확보하며 2대 주주가 됐다. 넷마블 방준혁 의장과 방시혁은 친척지간으로 알려졌는데, 넷마블은 방탄소년단 멤버들이 직접 촬영한 영상을 활용해 제작한 모바일 게임 'BTS월드'의 퍼블리싱을 맡고 있다. 넷마블의 투자는 방탄소년단과 빅히트엔터테인먼트의 지식 재산권을 확보하고, 게임의 글로벌 진출을 늘리기 위한 포석이었다.

🔗 **표 11 | 빅히트엔터테인먼트 주주 내역**_2017년 말 기준

구분	주주명	소유 주식 수(주)	지분율(%)
보통주	방시혁	849,870	50.88
	최유정	116,353	6.97
	농협은행 주식회사	39,344	2.36
	네오플럭스 Market-Frontier 세컨더리펀드	17,708	1.06
	LB 제2호 2017 사모 투자 합자 회사	26,777	1.60
우선주 (*)	LB 제2호 2017 사모 투자 합자 회사	74,877	4.48
	충청북도-SVVC 생명과 태양 펀드 2호	62,001	3.71
	SV M&A 1호 투자 조합	62,001	3.71
	2011KIF-SV IT 전문 투자 조합	14,877	0.89
	KoFC-LB Pioneer Champ 2011-4호 투자 조합	35,714	2.14
	LB Global-China Expansion Fund	149,467	8.95
	Well Blink Limited	221,357	13.25
합계		1,670,346	100

(*) 보통주와 동일하게 1주당 1개 의결권 보유 / 출처_2017년 말 감사 보고서

🔗 **표 12 | 빅히트엔터테인먼트 주요 기관 투자자 수익률**_2017년 말 기준

기관명	투자 내역	투자 당시 기업 가치 (추청치)	수익률 (멀티플 기준)
SV인베스트먼트	2011년 30억 원 2013년 10억 원	100억 원(2011년)	27배
LB인베스트먼트	2012년 10억 원 2016년 55억 원	580억 원(2016년)	지분 약 12% 보유
LB프라이빗에쿼티	2017년 189억 원 (SV인베스트먼트 구주)	2,700억 원	3배

출처_더벨

표 13 | 빅히트엔터테인먼트 실적 추이

(단위: 억 원)

	2005	2006	2007	2016
매출액	6	8	14	352
영업 이익	0	-3	0	104
영업 이익률	0.0%	-39.8%	1.1%	29.5%
순이익	0	-3	0	90
순이익률	1.4%	-38.7%	0.6%	25.6%
자산 총계	1	2	8	191
부채 총계	1	5	6	35

출처_키스라인, 이베스트투자증권 리서치센터

표 14 | 빅히트엔터테인먼트 소속 가수 현황

데뷔 연도	아티스트	형태	구성원	비고
2006	바나나걸	그룹 (5인조)	이현지, 가재발, 남민설, 안수지, 김상미	2008년 해체
2007	케이윌	솔로		2008년부터 스타쉽엔터로 이적 이현만 재계약
	8eight	그룹 (3인조)	이현, 주희, 백찬	
	임정희	솔로		오스카이엔티로 이적
2008	2AM	그룹 (4인조)	조권, 이창민, 임슬옹, 정진운	2014년까지 빅히트가 매니지먼트한 뒤 계약 만료
	옴므	듀오	이현, 이창민	
2012	글램	그룹 (5인조)	박지연, 김별, 다희, 이미소, TRINITY	2015년 1월 15일 해체
2013	방탄소년단	그룹 (7인조)	RM, 진, 슈가, 제이홉, 지민, 뷔, 정국	
2015	데이비드 오	솔로		2015~2016년 사이 GON엔터로 이적

출처_키스라인, 이베스트투자증권 리서치센터

3.
K팝의 성공과 이면

K팝의 성공을 논하려면 K팝에 인생을 건 실제 주역들, 즉 아이돌 이야기를 빼놓을 수 없다. 쉽지 않은 선택을 하고 오랫동안 피나는 훈련으로 실력을 쌓아 무한 경쟁을 뚫고 당당히 스타에 오른 용감한 젊은 세대 말이다.
하지만 K팝이 글로벌 수출 콘텐츠로 우뚝 설 수 있었던 건 아이돌 개인의 능력과 열정 때문만은 아니다. 아이돌 그룹 간의 치열한 생존 경쟁과 동료들의 희생을 딛고 비로소 꽃을 피울 수 있었다. 결론적으로 K팝은 젊은 세대가 생존을 위해 자발적으로 뛰어들면서 형성된 '세대 간 무한 경쟁의 산물'에 가깝다.

아이돌을 선택한 아이들

슈퍼주니어, 빅뱅, 2PM, 샤이니, 소녀시대, 2NE1 등 몸짓과 목소리로 전 세계를 뒤흔든 K팝 주역들은 대부분 연습생 출신이다. 그들은 어린 나이에 일찌감치 공교육을 포기하고 스타의 길을 택했다. 일각에서는 연습생들이 이성적 판단이 어려운 나이부터 고등 교육을 받지 못한 채 희생된다고 비난한다. '압정 사회'라 불릴 만큼 극소수만이 성공하고 경제적으로 불안정한 사회에서 연예인과 스포츠 스타를 꿈꾸는 청년들이 많다는 지적도 있다. 상당 부분 맞는 얘기다. 하지만 그들에게는 공교육에 매달리다간 자신의 미래를 보상 받을 수 없다는 '현실적인 경제 관념'이 있었다는 점에서 강요라고만 볼 수는 없다.

표 15 | 아이돌 연습생 기간 랭킹

순위	가수	기간
1위	지드래곤	11년
2위	제시카, 조권, 민	7.5년
3위	수호	7년
4위	수영	6.5년
5위	김준수, 은형/이특, 태양, 유리/서현, 요섭	6년
6위	윤아	5.5년
7위	성민/동해/예성, 기광(JYP 포함), 써니, 공민지, 크리스/카이	5년
8위	강인, 박봄, 준수(2PM), 세훈/레이/시우민/찬열, 설리(MTM 연기 학원 제외)	4년
9위	용준형(XING 포함)	약 4년
10위	루나, 크리스탈	3.5년
11위	정윤호, 희철/기범, 종현/키/태민, 티파니/태연, 현승/동운, 씨엘, 루한	3년
12위	심창민, 소희(SM 포함), 닉쿤/택연/준호/찬성, 온유, 빅토리아	2.5년
13위	김재중, 시원, 민호, 두준(JYP 포함), 슬옹, 유빈(굿이지엠 포함), 산다라박, 도경수	2년
14위	박유천, 선미(SM 포함), 엠버	1.5년
15위	신동/규현, 대성/탑, 우영, 백현/타오/첸, 니콜	1년
16위	승리, 수지, 규리	10개월
17위	진운	8개월
18위	려욱	4개월
19위	하라, 창민	3개월
20위	지영	2주
21위	예은(공개 오디션 후 바로 투입)	무

출처_인스티즈

"과연 나는 아무런 미래가 보장되지 않는 일에 11년의 세월을 바칠 수 있을까? 평범한 생활을 버려 가면서? 게다가 그 어린 나이에?"

인터넷 사이트 인스티즈에 올라온 '아이돌 연습생 기간 랭킹' 자료를 본 네티즌의 반응이다. 조사 결과를 보면 톱 클래스 아이돌 빅뱅의 지드래곤이 가장 오랜 기간인 11년을 기록했다.

지드래곤(본명 권지용)은 13세에 〈2001 대한민국 HipHopFlex〉 앨범에 최연소 멤버로 참여했고 양현석 대표의 눈에 띄어 YG엔터테인먼트와 계약했다. 데뷔 전부터 세븐과 휘성 등 YG엔터테인먼트 소속 가수의 앨범에 참여하거나 무대에 함께 서면서 경험을 쌓았고, 6년간의 연습 기간을 거쳐 태양, 탑, 대성, 승리와 함께 힙합 그룹 빅뱅의 리더로 데뷔했다. 랩과 작사 및 작곡, 프로듀싱이 모두 가능한 아이돌로 2009년 8월에는 첫 솔로 앨범을 내 큰 히트를 치기도 했다.

지드래곤은 YG엔터테인먼트로 옮기기 전 SM엔터테인먼트에서 5년간 연습생 생활을 포함해 총 11년 동안 연습생으로 지냈다. 지드래곤이 작사와 작곡뿐 아니라 프로듀싱에까지 실력을 발휘하는 건 이처럼 오랜 연습생 활동의 결과로 풀이된다. 공교육보다 스타가 되기 위한 경쟁력을 선택한 지드래곤은 가장 긴 연습생 기간을 거쳐 가장 유명한 아이돌 스타가 됐다. 경제적으로도 아이돌 가운데 저작권 수입(2013년 기준 7억9,000만 원)이 가장 많고, 광고 시장에서도 루이뷔통 등 국내외 최고 브랜드를 섭렵하며 가장 몸값이 비싼 모델로 활약했다.

지드래곤 다음으로는 소녀시대의 제시카, 2AM의 조권, 미스에이의 민이 7.5년으로 길었다. 엑소의 수호도 7년, 소녀시대 수영과 윤아, 유리, 서현도 6년 가까이 연습생 생활을 했다. 비스트의 양요섭, 빅뱅의 태양, 슈퍼주니어의 은혁, 이특도 약 6년간 연습생으로 지냈다. 이들은 특정한 그룹을 정하지 않은 상태로 공개 연습생 오디션을 통해 회사와 계약하고 이후 본격적인 경쟁 트레이닝 과정을 거쳤다. 자신이 슈퍼주니어 멤버가 될지 엑소 멤버가 될지 아니면 그냥 연습생으로 남을지 모르는 채 혹독한 연습과 내부 경쟁을 겪어야 했다.

보아는 아주 어린 나이부터 일찌감치 솔로 가수로 기획돼 연습생들끼리의 경쟁은 거치지 않았다. 1986년생인 보아는 초등학교 5학년 때인 1997년 이수만 대표에게 발탁됐다. 이후 3년간 피나는 트레이닝 기간을 거쳤다. 한국뿐 아니라 일본 시장에 데뷔하기 위해 NHK 아나운서집에 머물며 일본어를 연마하기도 했다. 그리고 2000년 8월. 보아는 13세의 춤추는 소녀로 일본 시장에 화려하게 데뷔했다. 보아는 중학교 시절 연예 활동으로 학교에 잘 가지 못하고 머리를 기르는 등 튀는 모습 때문에 선배들에게 괴롭힘을 당했고, 외국인 학교로 전학했지만 그곳도 중퇴했다.

아이돌이 공교육을 포기했다고 해서 공부 자체를 포기한 건 아니다. 검정고시로 고등 교육을 마치거나 대학에 진학한 아이돌도 많다. 지드래곤은 경희대학교 포스트모던음악학과를 중퇴하고 국제사이버대학교 레저스포츠학과를 졸업했다. 보아는 중학교 검정고시와 고등학교 과정을 1년 만에 모두 취득했고, 대입 검정까지 취득하면서 대학 입학 자격을 얻었지만 진학은 포기했다.

이처럼 지금 스타가 돼 있는 연습생 출신 아이돌은 대부분 어린 나이에 자신의 열정을 발견하고 연습생이라는 험한 길을 포기하지 않고 달려왔다. 권위를 중시하는 한국 사회에서 공교육을 과감히 포기하고 스타가 되기 위한 '경쟁력'을 선택한 결과, 과거 선배들은 상상도 하지 못했던 글로벌 K팝 인기의 주역이 될 수 있었다.

오디션과 연습생, '값싼' 노동력의 바다

'지대 추구 행위'란 지대를 얻고자 하는 자가 공급을 제한하거나 비탄력적으로 만들어 이익을 취하는 행위를 일컫는 경제학 용어다. 가령 개인택시나 의사, 변호사, 회계사들이 면허제로 인력 수를 제한하는 등이 있다. 한 업종이나 업계에서 기득권층이 된 선배 세대가 새롭게 진입하려는 후배 세대를 견제하고 활용하는, 악용 가능성이 있는 행위기도 하다.

그런데 필자가 한국의 오디션 프로그램 열풍을 보면서 '지대 추구 행위'를 떠올렸다면 너무 과격한 발상일까. 먼저 트로트 시장을 들어 얘기해 보자.

한국의 트로트 시장은 송대관, 설운도, 태진아 등 극소수의 선배 가수들이 오랜 기간 장악했다. 실력도 실력이지만 무한 경쟁으로 나눠 먹을 수 있는 시장, 즉 트로트라는 '토양'의 크기가 제한적이었고 실력을 보여 줄 수 있는 '플랫폼' 역시 방송 3사나 클럽 등으로 제한적이었기 때문에, 그들은 서로를 경쟁 상대로 꼽으며 그 토양에서 나오는 '지대'를 오랜 기간 만끽할 수 있었다.

수많은 청년이 뛰어드는 K팝 전성시대. 여러 방송사 오디션 프로그램에서 선배 가수들이 후배의 열정을 저울질하고 골라내는 모습을 보면서 이 같은 지대 추구 행위를 떠올리지 않을 수 없었다.

유럽에서 시작된 오디션 프로그램의 유래에는 여러 가지 설이 있다. 가장 유력한 설로는 스웨덴 방송사 PD 노조가 파업에 돌입하자 연예인 출연진을 찾지 못한 제작진이 급하게 일반인을 등용한 데서 출발했다고 한다. 이후 미국의 '아메리카 갓 탤런트*America's Got Talent*'라는 프로그램으로 촉발된 오디션 프로그램의 인기는 한국에서도 '슈퍼스타 케이'라는 프로그램으로 꽃을 피우기 시작했다.

한국 오디션 현장에서 칼자루를 쥔 심사 위원은 대부분 선배 가수들이다. K팝의 글로벌 확산과 더불어 엘리트 대신 스타를 택한 젊은 세대의 어마어마한 수요가 맞물리면서 선배들의 활약은 유래없이 활활 타올랐다. 시청자들은 오디션 시스템이 요구하는 엄청난 수준의 경쟁을 즐겼고, 한국 방송의 수준 높은 영상과 편집 기술은 관전의 묘미를 배가했다. 선발 과정에서는 '교육'뿐 아니라 '훈계'와 '질타'와 '비난'이 난무했고, 방송 제작자들은 그 속에서 성공과 실패를 대리 만족시키면서 공감을 유발했다. 오디션 참가자가 눈물을 흘리거나 선배 심사 위원이 호되게 질책하는 내용은 훨씬 더 자극적으로 편집됐고, 시청자들은 좀 더 강하고 자극적인 형태의 오디션을 찾아 채널을 돌렸다.

물론 한국 오디션 프로그램이 K팝의 브랜드 정착과 글로벌 성장에 기여한 측면이 크다. 하지만 시대를 조금만 앞당겨 보자. 언제부터 한국에서 그렇게 가차 없는 공개적 경쟁을 뚫어야만 가수가 될 수 있었나. 선배 심사 위원들이 자신보다 후배들에게 점점 더 엄격한 잣대를 요구한다는 점에서 취업 무대와 오디션 무대는 꽤 닮아 있다. 그들 스타일에 맞지 않거나 그들에게 인정받지 못한 음악은 낙오된다는 인식을 심어 주는 건 '세대 간 갈등' 차원에서도 눈여겨볼 필요가 있다. 시장을 개척해 주도권을 차지하고 있는 한 세대가 주도권에 동참하려는 다음 세대에게 일종의 '진입 장벽'을 쌓는, 지대 추구 행위가 될 수도 있기 때문이다. 이미 지대를 누리고 있는 선배들이 지금처럼 경쟁의 효율만 강조한다면 후배들은 기회의 평등을 잃고 한국 음악계는 다양성과 장기적 성장성을 잃어버릴지도 모를 일이다.

무한 경쟁 생태계와 남겨진 과제

한국은 세계에서 가장 빠르게 경제 개발에 성공한 나라로 꼽힌다. 하지만 세대 간 격차뿐 아니라 젊은 세대의 인권도 큰 문제로 떠오르고 있다. 한국의 청소년 행복 지수는 OECD 회원국 중 10년 가까이 최하위를 달리고 있고 청소년 자살률은 1위다.

2010년 여성가족부 조사에 따르면 일하는 한국 청소년의 노동 시간은 하루 평균 6시간가량이다. 노동하는 학생 수는 점점 늘고 있지만 이들에게 주어지는 건 패스트푸드점과 주유소 아르바이트, 전단지 배포, 배달부 등 열악한 일자리가 대부분이다.

러시아에서 한국으로 귀화한 박노자 오슬로대학교 교수는 칼럼에서 한국 청년 세대의 실태를 이렇게 지적하기도 했다. "한국만큼 아이들이 불행하게 사는 나라는 없다. 기업의 '쓸 만한 부품'으로 가공돼야 할 그들은 살인적 경쟁에 휘말리면서 심신의 황폐화를 일찌감치 당한다. 한국 청소년 사망 원인 1위는 자살이다. 절반 이상이 가끔 자살 충동을 느끼고, 3분의 1은 간헐적으로나마 우울증을 경험한다. 그들에게 가만히 있으라고 늘 명하는 기업 국가는 그들에게 그 어떤 미래도 보장해 주지 않는다."

요컨대 한국 사회에 보편화된 열악한 청소년 인권 의식 속에서 많은 청년이 윤리적 논란을 무릅쓰고 '아르바이트생' 또는 '아이돌 연습생'이라는 용감하고 무모한 진로를 택하고 있다. 학업을 포기한 채 생존을

206

위해 아르바이트를 하고 미래의 꿈을 위해 기획사 연습생으로 살아가는 청년이 갈수록 늘고 있다. 미래가 불안한 청년들이 공교육을 포기하고 아이돌 연습생의 길을 택한 건 그들 나름의 '경제적 판단'도 크게 작용했다고 봐야 한다. 이 같은 청년들의 현실은 '노예 계약' 등의 결함만으로는 결코 설명할 수 없다. 무려 11년간 연습생 생활을 한 빅뱅의 지드래곤을 거대한 스타로 키워 낸 건 학교와 교사가 아니라 사업가와 상업적 기획사였기 때문이다.

하지만 겉으로 화려한 K팝 아이돌 생태계 이면에는 한국 사회의 부끄러운 모습이 공존한다. 일본 기업은 강한 위계 질서 속에서 톱니바퀴 같은 조직원으로 일하는 경우가 많지만 고용 안정성이 높고, 미국 기업은 상대적으로 고용 안정성은 낮지만 자율성과 창의성을 강조하는 문화가 지배적이다. 하지만 한국 청년들은 극심한 취업난과 불안한 고용, 여전한 상하 위계 질서에서 힘겨워하고 있다. 지금도 많은 선배 경영자들이 일본식, 대기업식 위계 질서를 강조하면서 아래로는 '경쟁'과 '노동 유연성'이라는 상반된 카드를 내밀고 있기 때문이다. 세대 간 격차를 해소하기 위한 대타협이 이뤄지지 않는 한 한국의 젊은 세대는 고용 시장에서 일본식과 미국식 자본주의의 부정적인 면에 지속적으로 노출될 가능성이 크다.

'K팝 스타'라는 글로벌 오디션 프로그램 이름처럼 K팝 아이돌 스타는 젊은 세대에게 CEO나 벤처 신화, 대기업 임원, 의사 등과 맞먹는 고소득 전문직이자 장래 희망으로 꼽힌다. 하지만 K팝 아이돌 시장은 이제 '선점 우위 효과*First mover advantage*'를 누릴 수 있는 곳이 아니라 이미 성숙기에 접어든 무한 경쟁 시장에 가깝다는 점을 명심해야 한다. 아이돌 경쟁은 이미 과열로 번졌고 공교육을 포기한 연습생 시장도 포화 상태며, 시스템적으로도 많은 한계와 문제점을 안고 있다.

아이돌 스타의 삶도 보여지는 것과 다른 경우가 많다. 수년간의 합숙과 트레이닝 과정은 길고 혹독하며 데뷔를 해서 성공하더라도 살인적인 스케줄을 피하기 어렵다. 휴대전화, 연애, 친구, 음식, 술, 스타일 등 그 나이 때 가장 관심 있을 일들에 대한 인내와 희생이 없이는 '아이돌 고시'를 뚫고 살아남을 수 없다.

지금 미래를 설계하는 젊은 세대는 무엇보다도 '다양성'에 중점을 둬야 한다. K팝이라는 무한 경쟁 시장을 따라가면서 선배들이 짜 놓은 틀에 자신을 맞추기보다, 자신이 하고 싶은 현실적인 분야와 목표를 찾아 꾸준히 전문성을 갖추는 것이 훨씬 미래 지향적이라고 할 수 있다.

자투리 생각_연습생 시스템은 현대판 '노예제'일까?

SM엔터테인먼트는 국내에서 매주 토요일에 공개 오디션을 열고 미국과 일본에서도 매월 오디션을 실시한다. 오디션에 합격하면 연습생으로 훈련시키고, 전속 계약을 맺으면 데뷔할 때까지 훈련 비용을 100% 부담한다. 2010년 이후로는 곧 데뷔를 앞둔 연습생을 'SM Rookies'라는 이름으로 먼저 공개하기도 한다.

YG엔터테인먼트는 연습생에게 보컬, 댄스, 연주, 연기, 작곡 및 작사, 외국어, 인성, 피트니스 등을 가르치는데, 이 과정은 약 6,000시간에 맞먹는다고 한다. 연습생의 일주일 공식 교육 시간은 25시간, 평균 트레이닝 기간은 4~5년 정도다.

JYP엔터테인먼트는 연습생을 1단계 '준비생'과 2단계 '교육생'으로 분류한다. 2009년 2월에는 연습생 세 명을 공개 모집했는데 2만 명이 지원했고 경쟁률은 7,000대 1 수준이었다. JYP엔터테인먼트는 매월 연습생 평가 시스템을 운영하고 6개월마다 실제 공연장에서 쇼케이스를 벌이면서 소속 멤버를 확정하는 전략을 취한다.

이 같은 한국의 아이돌과 연습생 문화를 비판하는 사람들은 대부분 '노예 계약'의 폐해를 지적한다. 하지만 실제 회사와 아이돌은 단순한 고용인과 피고용인의 관계, 경영자와 직원의 관계가 아니다. 회사가 아이돌을 여러 비윤리적인 계약으로 묶는 이유는 그들을 노예 취급해서가 아니라, 회사와 운명을 같이하는 가장 중요한 투자 대상이자 가장 귀한 자산으로 보기 때문이기도 하다. 그래서 더 많은 돈을 들여 장기간 투자하는 아이돌 그룹일수록 계약상 문제가 많이 생긴다. 기업 입장에서는 일종의 '상품'을 만들어 시장에 내놓았으니 투자비와 이익을 거둬야 하고, 리스크 관리 차원에서라도 아이돌의 사생활 관리는 어느 정도 불가피하기 때문이다. 투자한 아이돌이 실패했다고 해서 회사가 연습생 때부터 먹은 밥값을 청구할 수는 없다.

209

지난 2009년 노예 계약 논란의 핵심에 있던 동방신기와 소속사 SM엔터테인먼트의 계약 내용 중에는 '불공정' 혹은 '비윤리적'으로 볼 만한 조항이 다수 있었다. 동방신기의 계약 기간은 군대를 제외하고 13년이었고, 음반을 50만 장 이상 팔아야 멤버당 1,000만 원의 수익이 배분됐다. 또 멤버들은 계약을 위반할 경우 종료일까지 예상 수익의 세 배에 달하는 위약금을 내야 했다. 2009년 당시 공정거래위원회가 지적했던 내용들은 자사 소속 연예인을 강제로 홍보에 나서게 하고 회사 행사에 무상 출연케 한 조항, 연예인에 대한 과도한 사생활 침해 조항, 연예 활동에 대한 자율적 의사 결정을 과도하게 침해하는 조항, 계약 해지 통보 후 연예 기획사의 수익 배분 면제 조항 등이었다. 일부 계약 조건 중에는 제작사가 40~90%까지 수익을 가져갈 수 있게 한 것도 있었는데, 역시 공정거래위원회가 표준 계약 원칙으로 제시하는 '수익에 대한 공동 이익의 원칙'과는 거리가 있었다. 이를 두고 SM엔터테인먼트는 동방신기에게 5년간 110억 원의 수익을 배분했고 품위 유지를 위해 고급 차량을 지원하는 등 회사가 많은 비용을 지불했기 때문에 결코 노예 계약이 아니라고 반박했다. 어쨌거나 가장 크고 성공적인 기획사가 이 정도였으니 자본력과 윤리 의식이 부족한 다른 기획사들의 계약 조건은 얼마나 열악했을까.

하지만 HOT 멤버들이 탈퇴해 JTL을 만든 것이나 동방신기 멤버들이 탈퇴해 JYJ를 결성한 것은 삶이 노예 같아서가 아니라 보다 나은 경제적 성공과 독립을 위한 자발적인 판단이었을 것이다. 요컨대 과거 아이돌 계약 관행에 비윤리적, 비도덕적 측면은 분명 존재했고 개선이 필요한 점도 많았다. 하지만 K팝의 성공이 선배들만의 공로가 아닌 것처럼, 노예 계약만으로 아이돌 문화의 본질을 설명할 수는 없다.

4장
4차 산업 혁명 시대, 엔터테인먼트가 정답일까

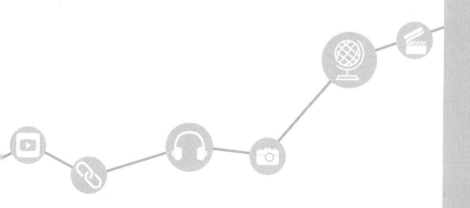

1.
일과 놀이를 결합한 미래 직업

네덜란드 학자 요한 하위징아는 저서 『호모 루덴스』에서 인류를 '놀이하는 인간'으로 정의했다. 인간 행동의 목적과 수단이 다르면 노동(Labor)이고 같으면 놀이(Play)인데, 누구나 놀이를 선호한다고도 했다. 미국 컨설팅 업체 맥킨지는 일(Work)을 노동(Labor)과 업(Mission) 그리고 놀이(Play)로 분류하고, 그 비중을 반복적인 직무(Labor) 67%, 창조적인 직무(Mission) 4%, 감성적인 직무(Play) 29%로 추정했다. 이민화 KAIST 교수는 "미래의 일자리는 일(Mission)과 놀이(Play)가 결합된 형태일 것이며, 반복 노동(Labor)만을 기계와 인공 지능이 대체할 것"이라고 말한다.

농업과 제조업 등 반복 노동은 줄어들고, 미디어, 콘텐츠, 관광, 레저, 헬스 케어 등 창조적이고 감성적인 일자리는 늘고 있다. 향후 엔터테인먼트 분야가 만들어 내는 생산과 소비 트렌드는 기존의 경제 시스템과 기업의 고용, 분배에 어떻게 영향을 미칠까.

인공 지능 시대, 일자리는 줄지만 또 생긴다

"우리 손자들은 주당 15시간 일하고 나머지 시간은 예술, 문화, 철학을 할 수 있을 것이다." '경제학의 아버지'로 불리는 영국 경제

학자 존 메이너드 케인즈가 1930년에 쓴 「손주 세대의 경제적 가능성 *Economic Possibilities for our Grandchildren*」이라는 글에서 한 말이다.

같은 해 영국 철학자 버트런드 러셀은 저서 『게으름에 대한 찬양』에서 "앞으로 주당 노동 시간이 20시간으로 줄어들 것"이라고 했다. 그는 이런 말도 덧붙였다. "우리는 기계가 없던 예전과 마찬가지로 계속 정력적으로 일하고 있다. 이 점에서 우리는 어리석었다. 그러나 이 어리석음을 영원히 이어 나갈 이유는 전혀 없다."

그렇다면 이들의 전망이 틀린 걸까? 노동 시간 단축에 관한 요구는 오늘도 여전하니 말이다. 케인즈가 예상한 미래 경제 규모는 예측치 이상으로 성장했다. 하지만 인간의 노동 시간은 예측한 것처럼 줄어들지 않았다. 러셀 역시 노동 시간 예측은 틀렸지만, 기계가 인간의 노동을 대체하면서 '어리석은 반복 노동'이 줄어든 것은 부정할 수 없다.

4차 산업 혁명에서 등장하는 인공 지능과 로봇은 많은 사람에게 '내 일자리가 뺏기는 건 아닐까' 하는 공포와 우려를 갖게 한다. 실제로 영국 옥스포드대학이 발표한 보고서 「고용의 미래」는 자동화와 기술 발전으로 20년 내에 현재 직업의 47%가 사라질 가능성이 크다고 전망한다. 저서 『사피엔스』로 유명한 학자 유발 하라리는 4차 산업 혁명은 인류의 종말로 완성될 것이라고 경고했다.

하지만 자신 있게 얘기할 수 있는 것은 산업 혁명의 역사에서 일자리는 사라지지 않았고, 앞으로도 그럴 것이라는 사실이다. 농업에서 제조업으로의 이동이 확산된 산업 혁명 초창기, 노동자들은 기계를 파괴하자는 '러다이트 운동*Luddite Movement*'을 벌였다. 생산 자동화가 확대되면서 실업에 관한 우려도 1960년대까지 계속됐다. 실제 기계로 인해 많은 일자리가 줄었지만 전체적인 일자리는 줄어들지 않았고 많은 일자리가 대체됐다. 지금까지 3차에 걸친 산업 혁명을 통해 과거 노동력의 대다수를 차지했던 농업 인구는 제조업, 서비스업, 플랫폼 서비스업으로 일자리를 바꾸었다. 일자리가 사라지고 새로운 일자리가 생성된 것이다. 1960년부터 50년간 인류의 생산성은 108% 증가했고, 임금은 80% 늘어났다. 대신 근무 시간은 80시간에서 40시간으로 줄었다.

토마스 하이 위스콘신대학교 교수는 역사상 기술 혁신이 일자리를 줄인 적이 없다고 정리했다. 일자리는 본질적으로 창조적 파괴를 수반하며, 역사상 일자리는 진화할 뿐 사라지지 않았다는 것이다.

2017년 말 발간된 맥킨지 글로벌 인스티튜트의 보고서 「잃는 일자리와 얻는 일자리: 자동화 시대의 노동력 변화」에 따르면, 1850년 전체의 80%에 육박했던 농업, 제조, 가사, 광산 등 육체노동 인구는 2015년 20% 미만으로 줄었다. 대신 사람들의 욕망을 교환하는 무역, 도소매, 통신과 엔터테인먼트, 헬스 케어 등의 산업 비중이 크게 늘었다. 미국의 경우 1850년 60%던 농업 인구 비중이 1970년 5% 미만으로

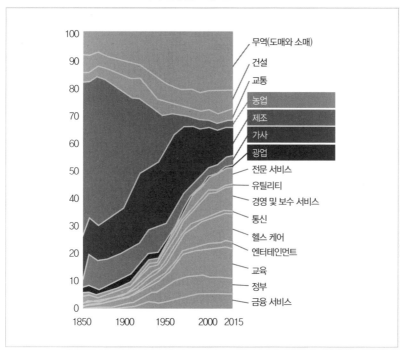

그림 27 | 1850~2015년 미국 업종별 고용 분포

무역(도매와 소매)
건설
교통
농업
제조
가사
광업
전문 서비스
유틸리티
경영 및 보수 서비스
통신
헬스 케어
엔터테인먼트
교육
정부
금융 서비스

출처_맥킨지 글로벌 인스티튜트 보고서

줄었고, 1960년 26%던 제조업 인구 비중은 2017년 말 현재 10% 이하로 떨어졌다. 중국에서도 1990년에 비해 2015년 농업 인구의 3분의 1 이상이 이탈했다.

보고서는 기술의 진보가 일자리를 파괴하기보다 많은 것을 만들어 내는데, 대부분 해당 산업 자체가 아닌 외부의 응용 산업에서 발생한다

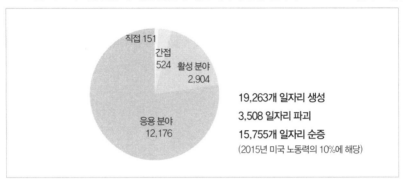

직접 151
간접 524
활성 분야 2,904
응용 분야 12,176

19,263개 일자리 생성
3,508 일자리 파괴
15,755개 일자리 순증
(2015년 미국 노동력의 10%에 해당)

출처_맥킨지 글로벌 인스티튜트 보고서

고 발표했다. 또한 1980년 이후로 PC의 등장이 미국에서 1,926만 3,000개의 일자리를 만들어 내고 350만8,000개의 일자리를 파괴해, 총 1,575만5,000개의 일자리 증가를 가져왔다고 분석했다. 일자리 증가 수는 2015년 미국 전체 노동력의 10%에 달한다.

일론 머스크의 말처럼 인공 지능은 핵보다 위험할 수 있지만, 생각의 차이는 미래의 차이를 만든다. 핵은 인류 역사에 가장 무서운 재앙적 무기였지만 실제로 쓰인 건 미국과 일본 전쟁밖에 없다. 핵의 시대에 에너지는 확대되고, 전쟁은 오히려 줄었다고 볼 수도 있다.

문제는 이미 다가온 인공 지능과 로봇을 인류가 어떻게 슬기롭게 활용하느냐에 달려 있다. 약한 인공 지능은 촉진시키고 강한 인공 지능은

규제하자는 움직임도 거세다. 지난 2006년부터 한국과 유럽 연합이 로봇 윤리를 함께 만들자고 한 것도 비슷한 움직임이다. 세계경제포럼 WEF의 「미래 고용 보고서」는 2020년까지 전 세계에서 710만 개의 직업이 사라지고 대신 210만 개의 새로운 직업이 생겨날 것이라고 예측했다. 물론 기술이 진화하면서 인간 노동의 총량은 줄어들 수 있다. 하지만 노동의 가치, 즉 기술과 인간이 만들어 내는 사회적인 효용은 증가해 왔다. 바로 이 증가분을 기술의 혁신이 메우고, 인간의 노동은 또 다른 형태로 진화하면서 소득을 늘려 온 것이다.

자동차 조립 라인은 대표적인 로봇 활용 부문이다.

사진_「한겨레신문」

그렇다면 주당 노동 시간이 줄어들 것이라던 러셀과 케인즈의 예측은 고도의 산업 성장을 이룬 한국에서는 어느 정도 통했을까.

우리나라는 반복 노동을 담당하는 지능 없는 로봇 분야에서 세계 으뜸이다. 국제로봇연맹*IFR*의 '2017년 세계 로봇 통계'에 따르면 노동자 1만 명당 로봇 수를 나타내는 '로봇 밀도'는 한국이 631대로 7년 연속 세계 1위를 차지했다. 세계 평균 74대와 비교하면 8.5배나 높다. 하지만 우리나라 노동자의 노동 시간은 줄어들지 않았다. 한국의 연간 노동 시간은 2015년 2,273시간, 2016년 2,069시간으로 세계 최대 수준이다. 2016년 기준으로 한국보다 노동 시간이 긴 나라는 멕시코와 코스타리카뿐이다. OECD 평균은 2015년 1,766시간, 2016년 1,764시간으로, 한국의 노동 시간과 300시간 남짓 격차가 난다.

많은 한국의 근로자들은 심리적으로도 일을 안 하면 불안하다는 선입견에서 벗어나지 못하고 있다. 일과 삶의 균형을 추구하는 '워라벨*Work and Life Balance*'이 화두로 급부상한 건 괜한 일이 아니다. 급기야 정부가 법제화에 나섰고, 2018년 7월부터 300인 이상 기업을 시작으로 주 52시간 근로제를 단계적으로 확대해 가고 있다.

한국 경제는 이처럼 양극화가 심화된 채, 시장주의와 관료주의가 혼재한 채, 힘겨루기를 계속하고 있다. 이런 환경에서 개인 스스로가 기업이라는 조직 안에서 노동과 업, 놀이의 균형을 찾기는 쉽지 않아 보인다. 창의적이고 과감한 한국의 젊은이들은 일찌감치 이런 논쟁과 거리를 두고 활동하고 있다. 이들이 기업의 일원이 되지 않고 연예인의 길을 선택하거나 유튜브나 페이스북 같은 새로운 플랫폼을 통해 자신의 미래를 열어 가는 건, 어찌 보면 당연한 일이다.

놀면서 돈 버는 엔터테인먼트 전성시대

국민 소득이 2만 달러 이상 성장한 나라마다 전형적으로 나타나는 현상이 있다. 주 5일제 시행, 레저 산업 호황, 아웃도어 시장 성장, 전 국민적 골프 열풍, 타운하우스 같은 고급형 휴양 주택 선호 현상 등이 대표적이다. 나라마다 편차는 있지만 국민 소득이 성장하면서 엔터테인먼트 산업이 각광을 받는 건 선진국과 우리나라 역사에서도 반복되고 있다. 앞서 살펴본 것처럼 우리나라 국민의 연간 영화 관람 횟수는 국민 소득 2만 달러에 재진입했던 2010년 2.92회에서 2017년에는 4.25회로 크게 늘었다.

고대 그리스인이 노동을 노예에게 맡기고 문명을 꽃피웠던 것처럼, 인류가 인공 지능과 로봇에게 노동을 맡길 수 있다면 우리는 어떤 준비를 해야 할까. 페이스북, 위워크, 에어비앤비, 드롭박스 등 4차 산업 혁명 시대에 공유 경제를 이끌고 있는 대표적인 글로벌 기업들에서 답을 찾아보자. 2010년 전후로 본격적으로 시가 총액 10억 달러 이상으로 성장한 이들 '유니콘 기업'의 창업자들은 모두 엔터테인먼트적 자아실현을 위해 창업했다는 공통점을 지녔다.

잘 알려진 얘기지만 페이스북은 하버드대학교 학생이던 마크 주커버그가 친구들과 함께 데이트 상대를 찾는 데 도움이 되는 소셜 서비스를 만들면서 출발했다. 재미 삼아 웹사이트에 동급생들의 얼굴 사진을 모아 놓고 그에 대한 평을 남기다가 소셜 네트워크 서비스를 기반으로 넓힌 것이었다. 일찌감치 야후에서 10억 달러에 인수하겠다고 제안했지만 주커버그는 페이스북을 돈보다는 즐거움을 주는 일로 생각했기 때문에 거절했다.

공기 침대*Airbed*와 아침 식사*Breakfast*, 즉 자고 먹는 서비스를 결합한 이름의 에어비앤비는 자사 서비스가 흘러가는 방식을 '백설공주'로 부르며 엔터테인먼트적 스토리텔링으로 표현한다. 월트 디즈니에서 최초로 스토리보드를 활용해 제작한 애니메이션이 백설공주라는 점에서 착안했다고 한다. 사람들이 먹고 자는 숙박업은 분명 눈에 보이는 오프라인 비즈니스지만, 무형의 엔터테인먼트적 기획과 스토리텔링으로 편안함과 감동을 주기 위해서다.

세계 최대 규모의 공유 오피스 플랫폼인 위워크의 공동 창업자 미구엘 맥케비는 "생계가 아닌 삶을 위해 일하는 세상을 만들고 싶다"며 창업했고, 클라우드 스토리지 서비스를 제공하는 드롭박스의 공동 창업자 드루 휴스턴 역시 "삶을 완벽하게 만들지 말고 재미있게 만들어야 한다"고 했다.

2010년 이후 급성장한 브로드캐스팅자키^{BJ}와 유튜버를 생각해 보자. 글로벌 플랫폼 유튜브가 만든 멀티 채널 네트워크^{MCN}는 기업이 개인들을 활동하도록 만들어 돈을 벌기 위해 생겨난 것이 아니라, 이미 플랫폼에서 활동하는 개인들을 보조하고 관리하는 일에 기업들이 사후적으로 뛰어들면서 탄생한 개념이다. 게임, 먹방, 메이크업, 화장품, 의류 피팅, 여행 등 먹고 놀고 꾸미고 즐기는 플랫폼 세계의 스타들은 기업의 직원으로 '고용'되는 것이 아니라 계약의 주체로 활동하면서, 정치인, 관료, 의사, 변호사, 기업 임원 못지않은 소득을 올리고 있다. 고성능 촬영 및 편집 장비가 보편화되고 무선 통신 기술을 통해 고화질 영상을 쉽게 유통하고 소비할 수 있게 되면서 국내에서도 수많은 1인 미디어 제작자가 새로운 스타로 떠올랐다.

한국방송광고진흥공사에 따르면 유튜버를 비롯한 멀티 채널 네트워크 영상 제작자 중 100개 채널 정도가 연간 1억 원 이상의 수익을 거둬들이고 있다. 전체 채널이 약 1만 개인 점을 감안하면 1%에도 못 미치는 낮은 비중이지만, 기존 산업 영역들에 침투해 변화를 일으키고 있는 신흥 직업군임에는 분명하다.

굳이 4차 산업 혁명을 거론하지 않더라도 현재 세계와 우리나라는 노
동하는 사람보다 노는 사람, 놀면서 돈 버는 사람들이 많아지고 있다.
2018년 맥킨지 글로벌 인스티튜트 보고서 「자동화와 일의 미래: 해결
해야 할 10가지 문제*Automation, and the future of work: Ten things to solve for*」에 따르면
2016년부터 2030년까지 미국과 유럽에서 물리적이고 육체적인 기술
의 수요는 2,030억 시간에서 1,740억 시간으로 14% 줄어들지만, 소셜

∅ **그림 29** ┃ **자동화와 인공 지능이 촉발한 기술 수요 이동**

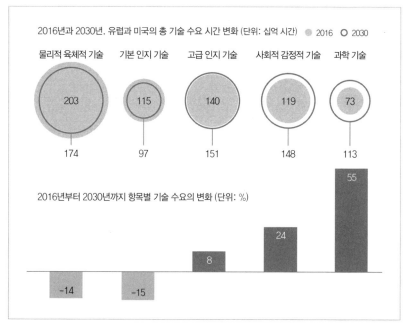

출처_맥킨지 글로벌 인스티튜트 보고서

한 기술과 감성적인 기술의 수요는 1,190억 시간에서 1,480억 시간으로 24% 늘어날 것으로 예상됐다.

인공 지능 로봇이 우리 일자리를 대체한들 참신한 엔터테인먼트 콘텐츠를 제작하는 사람들을, 시스템을 혁신적으로 개선하는 사람들을, 인공 지능과 로봇의 효율을 점검하고 관리할 수 있는 전문가들을 대체할 수 있을까?

기술 혁신은 늘 반복 노동을 대체하고 새로운 욕망의 수요를 흡수하면서 새로운 일자리를 탄생시킨다. 노동에서 일, 놀이로 진화하는 자기표현의 일자리들, 자아실현을 위한 창업이 늘어나고 있는 것처럼 말이다.

2.
영상 콘텐츠와
엔터테인먼트 전성시대

근대 이후로 전 세계 문화를 주도하는 국가와 기업은 공통적으로 '브랜드화'를 통해 자본주의의 과실을 획득했고, 그 과정의 핵심 첨병은 바로 '영상 콘텐츠'였다. 유럽 패션 업계를 뒤흔든 디자이너 이브 생로랑의 옷은 카트린 드뇌브, 지방시의 옷은 오드리 헵번이라는 여배우의 모습을 통해 전 세계로 퍼졌다. 군복으로 쓰였던 디자이너 버버리의 트렌치 코트를 가장 로맨틱한 정장으로 브랜딩한 것도 로버트 테일러, 험프리 보가트 등 당대 최고 배우들이 출연한 〈애수〉, 〈카사블랑카〉 같은 영화였다. 에르메스의 켈리 백과 버킨 백은 훗날 모나코 왕비가 된 미국 여배우 그레이스 켈리와 영국 여배우 제인 버킨을 통해 히트 상품으로 발전했다. 이 배우들의 이름과 이들이 출연한 영상 콘텐츠를 타고 전 세계의 돈을 끌어 모을 수 있었다.

콘텐츠와 플랫폼의 세대 교체

한국 엔터테인먼트 산업의 미래는 '영상 콘텐츠'의 경쟁력에 달려 있다고 해도 과언이 아니다. 〈강남 스타일〉을 글로벌 히트곡으로 만든 것도 유튜브 등 글로벌 플랫폼을 통해 동시간대에 뻗어 나간 영상물 '뮤직비디오'의 힘이었다. 이 한 편의 잘 만든 뮤직비디오가 싸이와 YG엔터테인먼트라는 브랜드를 전 세계에 알렸고, 덕분에 빅뱅과 2NE1 등 YG엔터테인먼트 소속 가수들도 여러 글로벌 미디어 플랫폼에 자신들의 브랜드를 알렸다. 방탄소년단을 빌보드 차트 1위로 올려놓은 것 역시 그들이 데뷔 이후 지속적으로 만들어 올린 뮤직비디오와 콘서트, 연습, 일상 등을 찍은 동영상 콘텐츠였다.

세계 음악을 주도하는 미국도 음악 시장이 축소되면서 냉혹한 합종연횡과 구조 조정을 겪었고, 결국 배우와 영상물이 음악 시장을 주도하는 환경으로 바뀌었다. K팝 일색이던 한국 엔터테인먼트의 핵심 장르도 다시 드라마나 영화 같은 영상물로 순환하는 모습을 보이고 있다. 과거보다 훨씬 더 빠르고 트렌디하게 K팝과 드라마가 세계로 확산되면서, 이미 '스마트'한 K팝 아이돌들은 자발적으로 영상 콘텐츠로 발걸음을 옮기고 있다. 광고, 공연, 뮤지컬, 행사에 비하면 낮은 보수지만 TV드라마나 영화에도 지속적으로 자신의 끼와 재능을 노출한다. 세계로 뻗는 한국의 영상물로 눈을 돌리면서 영리하게 자신들의 미래를 개척하는 과정으로 여겨진다.

지난 2011년 『뉴욕타임즈』에는 '인터넷 킬드 더 비디오 스토어Internet Killed the Video Store'라는 기사가 실렸다. 30년 전인 1981년 음악 채널 MTV가 개국하면서 등장한 노래 〈비디오 킬드 더 라디오 스타Video Killed the

Radio Star〉를 연상시키는 제목이었다. 노랫말처럼 30년 전에는 라디오 시대가 저물고 비디오 세상이 왔다면, 30년 후인 2011년에는 넷플릭스가 떠오르면서 미국 부가 판권 시장의 주류던 블록버스터라는 DVD 업체가 파산했다. 오프라인 비디오 스토어들이 인터넷에 밀려 사망 선고를 받은 모양새였다.

넷플릭스는 2012년, 미리 만들어 놓은 시리즈물 〈하우스 오브 카드 *House of Cards*〉로 대히트를 치면서 유료 관객을 끌어모았다. 이 회사는 HBO라는 미국 최대 케이블 방송에 1회만 노출하고 나머지는 넷플릭스에 유료 회원으로 가입하면 미리 볼 수 있게 하는 전략을 취함으로써 단기간에 회원을 늘리고 큰 수익도 거둘 수 있었다.

여기서 보듯 플랫폼 사업자의 성공 전략에는 '개방성'과 '충성도'가 존재한다. 넷플릭스는 플랫폼을 열어 놓고 미국과 유럽, 아시아의 여러 콘텐츠를 서비스하면서 개방성을 높여 왔고, 동시에 넷플릭스 플랫폼에서만 볼 수 있는 오리지널 콘텐츠들을 꾸준히 선보여 충성도를 확보했다. 개방성과 폐쇄성을 동시에 일으키는 일종의 '교차 보조' 형태라고 할 수 있다. 넷플릭스는 2018년 오리지널 콘텐츠 제작비로 한화 약 14조 원을 투자한다고 하는데, 이는 어느 할리우드 제작사나 방송사보다 큰 세계 최대 규모의 콘텐츠 투자액이다.

"TV는, 자동차가 나오기 전까지의 말과 같다." 넷플릭스 창업자 리드

헤이스팅스가 2015년 1월 멕시코에서 열린 기자 간담회에서 한 말처럼, 콘텐츠 플랫폼의 세대 교체가 가파르게 이뤄지고 있다.

한국 미디어 콘텐츠의 위기와 기회

전 세계에서 OTT 플랫폼이 확대되는 현상은 한국의 미디어 콘텐츠 사업자들에게는 위기이자 기회다. 크게 보면 극장과 방송사 등 미디어 진영에는 위기, 제작 진영에는 기회라고 할 수 있다. 미디어 진영에서는 좋은 콘텐츠를 자신의 플랫폼으로 수급하느라 경쟁이 심화되겠지만, 제작 진영에서는 이른바 '윈도 효과'로 불리는 극장, 방송 등 1차적 창구 외에도 수익을 높이는 기회가 확대되기 때문이다.

실제로 넷플릭스는 2017년을 기점으로 한국 콘텐츠에 직접 투자해 제작하는 사례를 늘려 가고 있다. 아마존, 유튜브 같은 플랫폼 사업자들도 한국의 영화와 드라마를 수급해 서비스를 확대한다. 구글, 애플뿐 아니라 페이스북, 월트 디즈니 등도 인수 합병을 통해 OTT 시장에 진입함으로써 양질의 한국 영화와 드라마가 수익을 올릴 수 있는 창구가 늘어났다.

한편 한국 유통 진영에서는 양질의 콘텐츠를 수급하는 데 어려움이 불가피해 보인다. 넷플릭스가 초반에 한국 영화를 사들인 기본 개런티와 수익 배분율은 기존의 한국 유통 업체들보다 높았고, 넷플릭스는 직접 한국 콘텐츠에 거액을 투자해 전 세계로 서비스했다. 넷플릭스가 국내 배급사 NEW와 함께 2017년 선보인 봉준호 감독의 영화 〈옥자〉의 제작비는 한국 감독과 배급사가 참여한 영화로는 역사상 가장 큰 5,000만 달러(600억 원) 규모였는데 넷플릭스가 전액을 투자했다. 400억 원 대작인 CJ E&M의 드라마 〈미스터 션샤인〉도 넷플릭스를 통해 전 세계로 서비스됐다. 급기야 2018년 6월에는 지상파 사장단이 방송통신위원회를 방문해 넷플릭스 등 글로벌 미디어에 대한 정책적 대응을 건의하는 일까지 빚어졌다.

세계 최대 인구를 자랑하는 중국의 OTT가 무섭게 성장하는 점도 한국에는 기회다. 아이치이, 텐센트, 유쿠투더우가 주요 OTT 플랫폼 기업으로, 2017년 7월 기준 세 플랫폼의 월 순수 이용자 합계는 12.24억 명에 달하는 어마어마한 규모였다. 사드 갈등으로 한국 콘텐츠의 중국 진출이 주춤해졌지만 한반도 해빙 무드 속에서 2019년부터는 양질의 한국 콘텐츠가 중국에서 정식으로 서비스되는 일도 늘어날 것으로 전망한다.

영화와 드라마뿐만 아니라 한국의 예능 프로그램도 '포맷 수출', '해외 방영', '리메이크', '자체 제작' 등 여러 가지 형태로 전 세계에 수출되고 있다. '아빠 어디가', '1박2일', '슈퍼맨이 돌아왔다' 같은 지상파 프로그램과 '세 얼간이', '더 지니어스' 등의 케이블 프로그램은 '포맷'이라는 형태로 중국과 동남아시아, 유럽, 남미 등으로 수출됐다. 아직까지는 수입이 훨씬 많지만 '꽃보다 할배' 같은 독특한 예능 프로그램도 미국으로 포맷 수출한 바 있다.

2018년에는 넷플릭스가 한국의 유재석이 출연하는 예능 프로그램 '범인은 바로 너'를 전액 투자해 전 세계로 서비스했고, '유병재: 블랙코미디' 역시 서양식 스탠딩 코미디에 한국 엔터테이너가 출연한 넷플릭스의 오리지널 콘텐츠로 제작 및 서비스됐다.

사실 현실에서 예능 프로그램 포맷을 놓고 법적 저작권을 주장하기는 쉽지 않다. 대개는 미술적 장치를 주된 권리로 인정하는데, 비슷한 콘셉트는 얼마든지 베낄 수 있기 때문이다. 하지만 한국 콘텐츠 자체가 이미 확산돼 있는 탓에 권리를 주장하기가 수월하고, 덕분에 방송 프로그램 포맷은 적지 않은 수익을 올리는 수출 효자 노릇을 하고 있다. 과거 한국이 일본 프로그램들을 본뜨면서도 저작권료를 지불하지 않았던 때와 비교하면 격세지감이다. OTT를 통한 합법적 형태의 콘텐츠 저작권 확산은 한국에겐 좋은 기회라고 할 수 있다.

3.
미래는 기술보다 상상력

'팬덤'이란 '덕후'보다 집단적인 의미로, 특정 인물이나 분야를 열성적으로 좋아하는 사람들 또는 그러한 문화 현상을 말한다. 광신자를 뜻하는 '퍼내틱(fanatic)'의 팬(fan)과 영지, 나라를 뜻하는 접미사 '덤(dom)'을 합성했다. 그렇다고 '광신도의 나라'쯤 되는 소수 문화로 생각했다간 큰코다치기 쉽다. 무한 확장성을 지닌 SNS 시대에 팬덤은 이미 전 세계 음악, 영화, 드라마, 웹툰, 예술 등 엔터테인먼트 전반에 핵심 동력으로 작용하고 있기 때문이다.

팬덤이 가수나 배우, 스포츠 스타는 물론이고 엔터테인먼트 장르까지도 쥐락펴락한다면 지나친 기우일까. 방탄소년단이 빌보드 소셜 차트에서 출발해 메인 차트를 점령한 것도, 유엔 총회 연설을 이끌어낸 것도 모두 팬덤의 힘이었다.

2016년에 아이돌 굿즈 시장이 1,000억 원을 돌파한 것으로 추정되는 걸 보면 적어도 K팝 아이돌 세계에서 팬덤은 변방의 소수 문화가 아닌 주류 문화에 가깝다.

팬덤과 AU, 엔터테인먼트의 메인 스트림

퀴즈. 다음 중 K팝 팬클럽 이름이 아닌 것들을 고르시오.

[ARMY, BT21, BTS월드, EXO-L, EXO플래닛, 아가새, VIP, 이너서클]

이 생뚱맞은 질문에 대한 정답은 BT21, BTS월드, EXO플래닛이다. ARMY(방탄소년단), EXO-L(엑소), 아가새(GOT7), VIP(빅뱅), 이너서클(위너)은 팬클럽의 이름이고, BT21, BTS월드, EXO플래닛은 방탄소년단과 엑소의 팬클럽이 중심이 된 새로운 세계관을 일컫는다. EXO플래닛은 EXO 멤버에게 '외계 행성에서 온 초능력자들'이라는 캐릭터를 부여한 것으로, 데뷔 시점부터 기획된 대안 세계관이다. 방탄소년단은 데뷔 초부터 〈WINGS〉, 〈화양연화〉, 〈LOVE YOUR-SELF〉 등 앨범과 곡을 통해 그룹과 개별 멤버의 세계관을 적극적으로 펼쳐 왔다. 더 나아가 BT21은 방탄소년단과 네이버 라인프렌즈가 협업하여 각 멤버들과 라인프렌즈의 캐릭터를 결합해 만들어 낸 가상 세계며, BTS월드는 방탄소년단의 멤버들이 넷마블의 게임 속에서 새로운 캐릭터로 등장하는 대안 세계, 즉 AU^{Alternative Universe}다.

대안 세계를 뜻하는 AU는 일반인에게는 낯설게 들릴 수 있지만 K팝이나 게임, 캐릭터 등의 팬클럽 멤버나 광팬들에게는 익숙한 용어다. 일부 덕후(집이란 뜻의 일본어 오타쿠(御宅)를 한국식으로 발음한 '오덕후'의 줄임말, 집에서만 활동하는 광적인 팬부터 전문가 이상 식견을 가진 사람까지 아우름)들의 소수 문화로 여기기 쉽지만 생각보다 우리 주변에 가까이 그리고 깊숙이 침투해 있다. 작품이 추구하는 스토리와 캐릭터가 확장된 AU의 세계관이 지금 엔터테인먼트 업계의 주류를 형성하고 있다. 〈어벤져스〉 같은 마블의 영화 시리즈와 방탄소년 단이 전 세계적으로 히트칠 수 있었던 데에도 이른바 '팬덤'이 결정적인 역할을 했다.

실상 팬덤은 어디에나 존재한다. 학교에도, 동네에도. 아이돌이 아니라 과거 '칠공주'나 '얼짱 오빠'도 인기가 입소문을 타면 팬덤으로 이어졌다. 하지만 팬덤, 팬심 등으로 마블과 방탄소년단의 전 세계적 성공을 설명하기엔 무리가 있다. 개개인의 관심과 호감을 바탕으로 작품, 캐릭터, 아이돌 멤버 등과 팬들이 함께 공감하는 거대한 대안 세계, 즉 AU를 형성해 나갔기에 가능한 일이었다.

AU의 대표적인 예로 마블 캐릭터들이 '살고 있는' 가상의 세계관인 마블 시네마틱 유니버스를 들 수 있다. 대개 마블 시네마틱 유니버스의 시작을 2008년 마블의 첫 영화 〈아이언맨〉부터라고 하지만, 뿌리는 핵심 캐릭터 중 하나인 캡틴 아메리카가 탄생한 1941년으로 거슬러 올라간다.

마블 코믹스가 만들어 온 8,000여 캐릭터들은 독립적이지만 때론 지구의 '어벤져스'나 우주의 '가디언즈' 형태로 헤쳐 모이며 오랫동안 세계 팬들의 기대에 부응하고 있다. 이들이 슈퍼맨, 배트맨, 원더우먼으로 유명한 DC코믹스를 앞지르며 꾸준한 사랑을 받는 이유는 각각의 캐릭터나 스토리텔링 자체보다 지구와 우주, 신비한 돌로 표현되는 거대하고 입체적인 대안 세계관을 보여 준 데 있다. 다양한 캐릭터를 통해 가족과 형제 등 인간의 보편적 가치와 감정을 풀어내는 한편, 막대한 자본력과 배급력으로 독자들과 소통하면서 끊임없이 영웅과 악당을 만들어 내는 데 성공했기 때문이다. 이 같은 마블 특유의 끈질긴 세계관이 없었다면 스파이더맨 주변의 암살자 데드풀과 악당 베놈의 영화가 감히 슈퍼맨도 하지 못한 한국 박스오피스 1위를 차지할 수 있었을까.

방탄소년단의 프로듀서이자 소속사 빅히트엔터테인먼트 대표인 방시혁의 말에도 귀를 기울일 필요가 있다. 그는 2018년 2월 KBS방송에 출연, 앨범과 뮤직비디오뿐 아니라 BT21, BTS월드와 같은 다른 세계관으로의 확장이 성공에 큰 영향을 미쳤다고 말했다. 재미있는 기획과 스토리텔링, 두터운 수준의 AU를 설정함으로써 팬들이 더 깊고 건강한 엔터테인먼트를 즐길 수 있었다는 의미였다.

기술보다 상상력을 선택한 사람들

일반 대중에게는 대안 세계를 말하는 AU보다 가상 현실을 의미하는 VR*Virtual Reality*이 더 익숙할 것이다. 하지만 VR의 방향성은 AU와 완전히 다르다.

AU가 작품과 캐릭터 그리고 팬들의 상상력이 만나는 상상 속 세계관이라면, VR은 인공적이고 기술적으로 만들어 낸 가상 현실이다. 가공 상황이나 환경과 상호 작용을 하면서 그것이 실재하는 것처럼 느낄 수 있게 해 주는 인터페이스 기술로, 물리적으로 존재하지 않지만 컴퓨터 자원이나 장치들에 의해 만들어진 인공 현실_Artificial Reality_이라 할 수 있다.

또한 AU는 증강 현실을 의미하는 AR_Augmented Reality_과도 분명한 차이가 있다. 2016년 등장한 AR 게임 '포켓몬 고'는 국내외 팬덤을 타고 급속도로 확산되면서 세계적으로 선풍적인 인기를 끌었다. 성공 배경에는 구글에서 분사한 제작사 나이앤틱의 AR 기술이 있었지만, 그보다는 1985년부터 시작된 포켓몬 게임과 애니메이션, 캐릭터와 영화가 만들어 낸 포켓몬만의 세계관이 결정적인 영향을 미쳤다고 할 수 있다. VR과 AR이라는 건 기술이자 도구일 뿐, 그 기술과 도구를 통해 도달하고자 하는 곳은 오랜 기간 팬덤을 통해 탄탄하게 다져진 AU라는 의미다.

VR이 게임과 음악 등의 콘텐츠에서 성장하고 있지만 아직은 인지 부조화, 즉 멀미를 해결하지는 못하고 있다. AR 수준의 포켓몬 고가 여러 부작용으로 인해 태국에서 포켓몬 금지 구역을 설정하고 프랑스 교육부 장관이 학교 주변에는 포켓몬을 풀지 말아 달라고 공식 요청한 점도 인공적인 현실과 실제 현실의 충돌 위험이 존재한다는 방증이다.

앞으로 한국 엔터테인먼트를 능동적으로 창조하고 소비하려는 사람들의 선택은 어느 쪽으로 향할까. '팬들과 함께 만들어 가는 상상의 세계관'을 택할까, 아니면 '감각과 인지의 조합을 유도하는 가상 현실 세계'를 택할까.

정부는 창조 산업, 혁신 산업 등의 이름으로 콘텐츠와 엔터테인먼트 산업을 육성하기 위해 다양한 지원책을 내놓고 있다. 하지만 정책 자금의 흐름은 작가의 스토리텔링이나 상상력보다는 VR 같은 신기술에 쏠려 있는 게 현실이다. 이미 1,121만 명이 본 마블의 영화 〈어벤져스: 인피니티 워〉가 VR로 제작됐다면 훨씬 더 많은 관객을 동원했을까. 기술에 의한 몰입이 시청자의 상상력과 세계관의 결합에 의한 몰입보다 더 큰 감동을 줄 수 있을까. 콘텐츠를 기획하고 제작하는 쪽보다 기술과 방식에 자금이 몰릴 경우 자칫하면 '앙꼬 없는 고급 찐빵'이 될 위험성이 높다.

아울러 정부 지원이 '검증된' 곳으로만 몰리는 점도 우려스럽다. 실리콘밸리에서는 '혁신을 위한 실패'에 지원하지만, 우리 정부와 시장은 '혁신을 위한 성공'에만 지원한다는 지적이 나오는 것도 이 때문이다. 실제로 〈토이 스토리〉, 〈인크레더블〉, 〈코코〉 등의 애니메이션을 만든 미국 픽사의 에드 캣멀 사장은 직원들에게 모든 수단을 동원해서 가능한 빨리 실패할 것을 독려한다고 한다. 실패 후 받는 피드백과 교훈이 성공의 단초가 된다는 경험적 확신 때문이다.

만화가라는 직업이 창피하다며 가명을 쓰고 활동했던 마블의 스탠 리 명예 회장 같은 사람을, 지금 한국의 톱다운식 산업 지원과 평가 방식으로는 결코 발굴해 낼 수 없다.

취미에서 산업으로, 그렇게 주류가 된다

'덕질'. '덕후'에 한국말의 '질'을 추가한 신조어로, 팬클럽 등 특정 분야를 취미로 즐기는 사람들의 여러 행위를 통칭한다. K팝은 본질적으로 소수의 팬덤에서 출발한 소수 문화의 산물이다. 아이돌 문화의 원조인 일본에서 소규모 공연장인 제프^{Zepp} 투어와 홀^{Hall} 투어를 거쳐야 대규모 아레나와 돔 공연으로 이어질 수 있듯이, 한국 아이돌들이 작은 공연장에서 세종문화회관, 잠실운동장까지 무대를 넓혀 가는 것도 소수의 팬덤이 점차 확장되면서 벌어지는 경제적 현상이다.

실제로 일부 팬들이 아이돌 관련 MD 상품을 구매하는 덕질에서 출발한 굿즈는 산업이라 불릴 정도로 규모가 성장했다. 굿즈의 정의와 기업별 분류 방식이 달라 정확한 추정은 어렵지만 2016년 SM엔터테인먼트, YG엔터테인먼트, JYP엔터테인먼트, 큐브엔터테인먼트, FNC 등 5개 엔터테인먼트 상장사의 아이돌 굿즈 매출액이 1,500억 원에 달했다는 분석이 나오기도 했다. 방탄소년단과 여타 비상장 회사의 아이돌 굿즈까지 합치면 2,000억 원이 넘는 시장으로 추정된다.

필자 세대에 책갈피나 책받침, 부채 정도였던 MD 상품은 K팝 세대들에겐 공연장의 LED 응원봉부터 3D 기술을 적용한 입체 피규어까지 멀티미디어 형태로 진화했다. 본질적으로 자신의 팬심을 확장시키길 원하는 팬덤의 특성상 팬이 많아지면 굿즈도 대중들에게 가까워진다. 열쇠고리, 의류, 컵, 3D 피규어, 문구 등의 생활용품은 물론이고, 은행의 체크 카드와 편의점 교통 카드에까지 아이돌들이 침투해 있는 건 이 때문이다.

팬클럽은 영화 촬영장에 밥차를 제공하는 일명 '조공'으로 외식 업계의 큰손일 뿐 아니라, 아이돌의 생일 무렵에는 대형 옥외 광고와 버스 광고까지 집행하는 굵직한 광고주가 되기도 한다. 이들을 겨냥한 굿즈는 G마켓, 이베이, 11번가 등 온라인 숍은 물론이고 서울 삼성동(SM코엑스 아티움), 가로수길(YG플레이스), 명동(FNC와우) 등 오프라인 중심가에서도 유통되면서 아이돌의 세계관과 현실을 연결하고 있다.

실제로 2017년 YG엔터테인먼트는 굿즈 등 MD 상품 외 매출로 390억 원을 거둬들였고, 빅히트엔터테인먼트는 방탄소년단의 CD와 굿즈 등으로 거둔 매출이 460억 원에 달해 전체의 50.5%를 차지했다.

최근엔 덕질에서 더 나아가 '덕업일치'라는 말도 자주 등장한다. 덕질을 '직업'과 일치시킨다는 말이다. K팝의 역사는 비주류 소수 문화로 취급되던 덕업일치가 이미 K팝 성장의 주요한 동력으로 작용했음을 여실히 보여 준다. 아이돌 1세대인 이효리부터 카라의 한승연, 박규리, 티아라, 샤이니의 키, 블락비의 지코 등은 K팝의 열혈 팬으로 활동하다가 직접 가수가 된 사례였다. 이들 아이돌의 덕업일치처럼, 비주류던 팬덤의 덕질은 아이돌을 먹여살리고, 회사와 투자자를 키우며, 세계의 문화 트렌드까지 바꾸는 대중문화의 주류로 확산됐다.

실제로 많은 K팝 기획사들이 팬클럽 임원을 직원으로 영입하기도 한다. 연간 수억 원을 버는 게임, 뷰티, 먹방 등 분야별 유튜버들 역시 덕질에서 출발해 직업으로 이어진 사례라 할 수 있다.

과거 '사이버 펑크'로 불리며 거대 권력에 저항하던 해커 집단의 암호화를 향한 덕질은 훗날 전자 상거래와 인터넷 뱅킹에 필요한 보안 기술의 발전으로 이어졌고, 지금도 블록체인 기술 발전으로 연결되고 있다. 해커의 의미가 '자유와 혁신을 외치는 세력'에서 '파괴적 기술자'로 바뀐 것처럼, 주류와 비주류의 경계는 늘 뒤바뀔 수 있다. 구글 회장을 역임한 에릭 슈미트는 1997년에 인터넷을 두고 '인류 역사상 최대 규모의 무정부주의 실험'이라고 하지 않았던가.

한국 엔터테인먼트는 바이오와 함께 정체된 자본 시장에 큰 활력을 불어넣는 신산업으로 인정받고 있다. 한국 엔터테인먼트의 미래를 위해 산관학의 관계자들은 기술과 평가에만 치중하지 말고 현상에 뿌리를 둔 보다 구체적인 상상력을 발휘해야 할 것이다. 그리고 그 고민의 과정에 반드시 포함되어야 할 이들은 대안 세계를 창조하며 현실의 결핍을 충족시키고 있는 우리의 중요한 자산, 덕후와 팬덤이다.

자투리 생각_'비극의 역사'에 갇힌 한국 영화의 세계관

역사는 문화를 만들어 내는 모태고 문화는 그 모태 위에서 새 역사를 창조한다. 현대 문화 상품의 선봉에 선 영화는 역사를 소재로 관객을 유도하고 관객은 그 역사적 담론을 평가해 흥행을 심판한다. 영화 속 역사는 사실과 가깝거나 멀 뿐 사실이 아니다. 하지만 창작자의 역량에 따라 때론 사실보다 더 진실로 다가간다. 먼 옛날의 역사는 편안하지만 지금도 살아 숨 쉬는 가까운 역사는 불편하다.

한국에서는 그 불편한 역사들이 영화에 등장하는 경우가 많다. 대통령 탄핵과 조기 대선이라는 사상 초유의 사태를 겪었던 2017년 한국의 대작 영화들에서 그 공통점이 더 두드러졌다.
〈남한산성〉은 중국과의 치욕의 역사를, 〈군함도〉, 〈아이 캔 스피크〉, 〈대장 김창수〉, 〈박열〉, 〈대립군〉 등은 일본과의 비극적 사건을 소재로 다뤘다. 〈택시 운전사〉, 〈보통사람〉, 〈재심〉, 〈브이아이피〉 등은 한반도의 비극을 이야기했다. 다큐멘터리 영화에서도 비극의 역사는 주된 소재였다. 〈김광석〉, 〈공범자들〉, 〈노무현입니다〉, 〈7년-그들이 없는 언론〉 등 모두 가까운 과거의 아픈 사건들을 취재하고 편집해 제작됐다.

반면 할리우드 영화는 어떤가. 〈스파이더맨〉, 〈분노의 질주〉, 〈가디언즈 오브 갤럭시〉, 〈미이라〉, 〈스파이더맨〉, 〈킹스맨: 골든서클〉, 〈트랜스포머〉 등 대부분이 미래 가상 현실에서의 싸움을 그렸다. 〈블레이드 러너 2049〉, 〈지오스톰〉도 미래 가상 현실을 바탕으로 했고, 〈토르3〉 역시 역사와는 무관한 미래 전투 이야기다.
이런 차이를 보이는 이유가 뭘까? 할리우드는 대규모 자본을 투하한 컴퓨터 그래픽 기술이 가능하고 우리는 그렇지 않아서일까? 한국 영화의 질적 수준이나 한국 기업들이 미국과 중국의 블록버스터 후반 작업에 많이 참여하는 걸 보면 그렇지만도 않은 것 같다.

영화가 주목하는 시선과 시점에서 한국과 할리우드의 차이가 드러난다. 한국 영화가 과거와 현재 사이를 바라본다면, 할리우드 영화는 현재와 미래 사이를 오간다. 재밌는 건 이웃 나라 일본에서 수입한 영화는 또 완전히 다른 세상이라는 점이다. 〈너의 췌장을 먹고 싶어〉, 〈나는 내일, 어제의 너와 만난다〉, 〈잠깐만 회사 좀 관두고 올게〉 등 제목만 봐도 일본 영화의 시선은 과거와 미래, 나와 너를 자유롭게 넘나든다. 일본 로맨스 애니메이션 〈너의 이름은〉의 성공에서 보다시피 한국 로맨스물이 부진한 틈을 일본의 달달한 로맨스물들이 메웠다.

영화계에 오래 몸담아 온 많은 사람들은 이런 트렌드가 '리얼리티'를 중시하는 한국 영화 관객 특유의 성향 때문이라고 풀이한다. 영화가 역사적 사건에 기초할 경우 비록 창작물이라도 고증이 불가피하고 매서운 검증의 칼날을 피해 갈 수 없는 것도 이 때문이다. 심지어 웹툰 원작을 소재로 한 영화도 원작과 방향이 다르면 비판의 도마 위에 오르기 일쑤다. 많은 관객이 현실성과는 담을 쌓은 할리우드 영화는 눈요기의 퀄리티에 집중하면서, 한국사를 다룬 영화를 두고는 지대한 관심과 호불호의 극단적 수용 태세를 드러내곤 한다.

필자는 이를 아직도 표출해야 할 역사적 울분이 많이 남아 있는 우리 사회가 아픔을 털어 내는 긍정적 해소 과정으로 해석하고 싶다. 하지만 비극의 역사에 놓인 고통 받는 사람들이나 폭력으로 악당을 때려잡는 영웅물을 제외하고 다양한 장르의 영화가 소비되지 못하는 점은 한국 영화계에서 반복되는 안타까운 현실이다.

엔터테인먼트 산업 혁명

융합의 시대, 세계를 뒤흔든 한국 엔터테인먼트 경제의 모든 것!

초판 1쇄 발행 2018년 12월 15일

지 은 이 김동하
발 행 인 임종훈
편   집 이경혜
마 케 팅 박란희

디 자 인 화현
제   작 동양인쇄㈜

발 행 처 도서출판 웰북
출판신고 2014년 11월 10일 제2018-000034호
주   소 서울특별시 서대문구 연희로2길 76 한빛B/D A동 4층
문의전화 02-6378-0010
팩   스 02-6378-0011
홈페이지 www.wellbook.net

ISBN 979-11-86296-56-1 13320